Avons-nous besoin de Dieu ?

Du même auteur

Contribution historique de la civilisation arabo-islamique, Éditions Liberté (Alger, 1946).
Le Marxisme et la Morale, Éditions Sociales, 1948.
Les Sources françaises du socialisme scientifique, Éd. Hier et Aujourd'hui, 1949.
Théorie matérialiste de la connaissance, PUF, 1953.
L'Église, le Communisme et les Chrétiens, Éditions Sociales, 1949.
La Liberté, Éditions Sociales, 1955.
Humanisme marxiste, Éditions Sociales, 1957.
Questions à Jean-Paul Sartre, Éditions Clarté, 1960.
Perspectives de l'homme, PUF, 1961. 4e édition française en 1969.
L'Itinéraire d'Aragon (du surréalisme au monde réel), Gallimard, 1961.
Dieu est mort (Étude sur Hegel), PUF, 1962.
Marxisme et Existentialisme, Plon, 1962.
Qu'est-ce que la morale marxiste ?, Éditions Sociales, 1963.
D'un réalisme sans rivages, Plon, 1964.
De l'anathème au dialogue, Plon, 1965.
Karl Marx, Seghers, 1965. Réédité en français en 1972 et 1977.
Marxisme du XXe siècle, Plon, 1966.
La Pensée de Hegel, Éditions Bordas, 1966.
Le Problème chinois, Seghers, 1967 (et 10/18 chez Plon).
Lénine, PUF, 1968.
Pour un réalisme du XXe siècle (étude sur Fernand Léger), Grasset, 1968.
Pour un modèle français du socialisme, Gallimard, 1968.
Peut-on être communiste aujourd'hui ?, Grasset, 1968.
Prague 68... La liberté en sursis, Fayard, 1968.
Le Grand Tournant du socialisme, Gallimard, 1969.
Toute la vérité, Grasset, 1970.
Reconquête de l'espoir, Grasset, 1971.
L'Alternative, Robert Laffont, 1972.
Danser sa vie, Éditions du Seuil, 1973.
Défataliser l'Histoire, Centre protestant d'études, Genève, 1973.
60 Œuvres qui annoncèrent le futur, Skira, Genève, 1974.
Le Projet espérance, Robert Laffont, 1976.
Pour un dialogue des civilisations, Denoël, 1977.
Qui dites-vous que je suis ? (roman), Éditions du Seuil, 1978.
Comment l'homme devint humain, Éditions Jeune Afrique, 1978.
Parole d'homme, Robert Laffont et Seuil-Point.
Appel aux vivants, Éditions du Seuil, 1979.
Il est encore temps de vivre, Stock, 1980.
Pour l'avènement de la femme, Albin Michel, 1981.
Promesses de l'Islam, Éditions du Seuil, 1981.
L'Affaire Israël, Éditions Papyrus, 1983.
Biographie du XXe siècle. Le testament philosophique de Roger Garaudy, Éditions Tougui, Paris, 1985.
Mosquées, miroir de l'Islam, Éditions Le Jaguar, Paris, 1985.
Palestine, terre des messages divins, Éditions Albatros, Paris, 1986.
Islam d'Occident. Cordoue, une capitale de l'esprit, L'Harmattan, Paris, 1987.
A Contre Nuit (poème), Éditions de l'Aire, Lausanne, 1987.
La Poésie vécue : Don Quichotte, Végapress, Paris, 1988.
Mon tour du siècle en solitaire (Mémoires), Laffont, 1989.
Où allons-nous ?, Messidor, 1990.
Les Fossoyeurs, Éd. L'Archipel, 1992.
Intégrismes, Belfond, 1993.

Roger Garaudy

Avons-nous besoin de Dieu ?

Introduction de l'abbé Pierre

DESCLÉE DE BROUWER

76 *bis*, rue des Saints-Pères, 75007 Paris
ISBN 2-220-03419-4

« Oui ou non, notre vie a-t-elle un sens ? »

Maurice BLONDEL,
Première thèse sur *L'Action*, 1893

« Notre civilisation est la première dans l'histoire qui, à la question : la vie a-t-elle un sens ? répond : je ne sais pas. »

André MALRAUX

Une lettre de l'abbé Pierre à Roger Garaudy sur Avons-nous besoin de Dieu ?

Très cher Roger, merci. Ton manuscrit m'arrive : Avons-nous besoin de Dieu ? *Quelle précieuse contribution tu apportes, parmi ceux, de plus en plus nombreux, qui accomplissent des travaux de grande qualité pour sauver l'espérance réelle. Une espérance qui ne soit pas illusoire. Cette espérance qui manque à la génération de l'actuelle jeunesse qui se sent suffoquer, murée, sans raison d'être, et cela peut-être pour très longtemps encore après nous.*

Beaucoup, malgré des efforts éperdus, se voient acculés à vivre sans « projet », ni universel pour l'humanité, ni possible pour chacun, un à un et ensemble, dans la diversité des dons et des cultures.

Tout peut être autre. « Non, comme s'écriait Psichari au Sahara, ce n'est pas vrai que la vraie route soit celle qui n'arrive nulle part. » Serions-nous si fous que nous laisserions en douter ?

Non ! Filles et garçons naissant à tout instant, vous n'aurez pas à nous maudire car répondant à la voix intérieure qu'entend tout ancien, nous n'avons pas gardé bouche close alors que vous criiez vers nous : « Avant de t'en aller, dis-nous ce que tu sais ! »

Roger, c'est très différemment, mais comme par les sentiers de montagne allant à la même cime, que nous dirons, toi et moi, ce que nous savons, aussi longtemps que l'âge ne nous aura pas privés d'autres paroles que celles de l'offrande et de l'adoration. Car la même réponse intérieure nous a parlé en dépit de nos débilités et nos étourderies.

Avons-nous besoin de Dieu ? *Il faut crier : « Oui ! oui ! » Et ce livre lance ce cri avec science, érudition et passion aimante : oui, l'humanité a besoin de Dieu !*

Je peux de moins en moins écrire et cette lettre est peut-être notre dernier dialogue. Elle éveille en moi de très forts souvenirs qui se révèlent avoir été un lien, comme pour des montagnards en cordée.

Voici quarante-huit ans, notre première rencontre fut une querelle fraternelle, mais passionnante, à propos de la primitive Église et de la lenteur de ses prises de position devant l'esclavage dans la société d'alors.

Le lendemain, plus réfléchis l'un et l'autre, nous avons chacun, dans une pensée plus approfondie, trouvé la possibilité d'un jugement commun.

Depuis, nos vies n'ont pas cessé de se côtoyer, si différentes et si enrichissantes à chaque rencontre par l'identité des énergies qui les tendaient. L'une et l'autre s'orientaient, avec mille surprises, vers un but, le seul qui vaille, vers la poursuite d'une rencontre, la seule à la mesure de nos êtres d'hommes. Ces hommes qui seuls, par leur liberté, c'est-à-dire leur responsabilité d'âmes, se trouvent être comme points culminants dans ce que nous pouvons jusqu'ici connaître de l'univers Cosmos.

Là où je vis, il y a des vieux comme moi, et il y a aussi des enfants. Et passent des enfants, beaucoup, de tous âges. Ils m'ont ébloui, souvent, par leurs « pourquoi ? » *; c'est leur mot à tous.*

Ils m'ont fait sentir la gravité de l'inconscience avec laquelle nous usons de la coutume. Coutume de tricheurs.

Ils ont demandé « pour *quoi ?* ». *Cette question qu'on peut dire sacrée, quête de finalités, de motifs, de joie de se découvrir faits pour l'apaisement sans fin de nos soifs de savoir et d'aimer, cette question nous met dans l'embarras. Alors, pour nous dérober, nous répondons non pas* « pour *quoi* », *mais* par *l'un des « trucs » innombrables des découvertes de nos sociétés.*

Ils veulent être pour *quelques raisons, et on leur propose les moyens qui leur permettent d'*être pour rien, *qui les habituent à courir, courir comme tout le monde, sans savoir. Et bientôt* *fatigués, ils ne se demandent plus pour aller où, ni pour être qui.*

Merci, Roger, pour l'enfant que je n'ai cessé d'être.

Oui, nous avons besoin de Dieu !

Tu as rajouté à l'adoration en moi.

Puisse-t-il en être ainsi pour beaucoup.

Je t'embrasse et te garde, toi et les tiens, dans les silences de la prière.

Abbé Pierre
Halte d'Emmaüs,
lundi 5 juillet 1993.

Introduction

Pourquoi cette question ?

Cette question ne s'est jamais posée. En aucun point du monde. Car les religions, toutes les religions et toutes les sagesses, enseignaient à l'homme ses origines et les fins dernières de sa vie.

Mais en Europe, et à partir du XVIe siècle seulement, s'est élevée la prétention de l'homme à gérer le monde à la place de Dieu.

Cet homme a rêvé d'un autre bonheur : devenir maître et possesseur de la nature par une science et une technique lui donnant aussi pouvoir sur les autres hommes, sur tous les continents de la planète.

Ce désir de puissance, d'abondance et de croissance, au XVIIIe et au XIXe siècle, espéra se satisfaire sans fin. Ce provisoire triomphe — auquel furent sacrifiées des multitudes —, les nantis et leurs idéologues l'appelèrent « progrès ».

Dans la première moitié du XXe siècle, la grande crise de 1929, et deux guerres mondiales remirent en question cet optimisme.

Alors naquirent, de Heidegger à Sartre, puis à Foucault, les idéologies sans espérance du néant et du non-sens, puis de la mort de l'homme après celle de Dieu.

Sartre, au cœur de l'orage, en 1942, a exprimé cette angoisse devant l'existence : « L'homme est l'être qui projette d'être Dieu... Mais, dit-il, l'idée de Dieu est contradictoire et nous

nous perdons en vain ; l'homme est une passion inutile. » Tel est le dernier mot de *L'Être et le Néant*[1].

Pour échapper au naufrage d'autres pensèrent, après Norbert Wiener (et sans tenir compte de ses avertissements), que le monde était désormais trop complexe pour être piloté par l'homme et qu'il fallait s'en remettre à l'ordinateur pour résoudre tous nos problèmes.

Ainsi, les maîtres à penser qui, à la « Renaissance » exigeaient que l'homme règne à la place de Dieu, après la faillite de leur entreprise, abdiquaient en faveur de la machine.

Cette démission de l'homme nous conduit aujourd'hui — après la « parenthèse prétentieuse » de cinq siècles — à poser une étrange question. La machine ne pouvant répondre à nos interrogations sur nos fins dernières et le sens de notre vie, *avons-nous besoin de Dieu ? De quel Dieu ?*

Cette « parenthèse prétentieuse » dans l'épopée humaine est celle de l'Occident depuis la « Renaissance ». Dans un livre publié il y a seize ans, *Pour un dialogue des civilisations*[2], j'écrivais : « L'Occident est un accident. » Le présent ouvrage constitue un effort pour fermer cette « parenthèse prétentieuse de la suffisance » occidentale, cette « suffisance » qui est le contraire à la fois du dialogue et de la transcendance.

La dernière tentative de réponse prométhéenne, négative, fut celle du socialisme dans sa variante athée. L'effondrement du système soviétique, pour ceux qui croyaient en lui mais aussi pour ceux qui le redoutaient et le combattaient, fut plus qu'un tremblement de terre : un tremblement de ciel. Une remise en question du sens de l'histoire et des fins de la vie, c'est-à-dire un problème religieux.

Le marxisme, depuis plus d'un siècle, avait polarisé, chez des centaines de millions d'hommes, dans le monde, des espérances messianiques.

Pour ou contre, c'est par rapport à lui qu'on se situait. Il était, dans les esprits, la moitié d'un monde coupé en deux :

1. P. 653 et 708.
2. Ed. Denoël, 1977.

« l'empire du mal », ou l'enfantement douloureux de « lendemains qui chantent ».

Chez les hommes de foi, c'est-à-dire chez ceux pour qui la vie a un sens, des efforts avaient été faits pour ne pas laisser s'opposer un christianisme eschatologique, sans espérance historique, et une espérance historique sans ouverture de transcendance.

Ces efforts pour prendre en charge les espérances terrestres furent jalonnés, au cours de ce dernier demi-siècle, sur le plan social par l'expérience des « prêtres ouvriers », sur le plan théologique, par la « théologie de l'espérance » du protestant Jürgen Moltmann, de multiples « théologies politiques » en Europe, et surtout par les « théologies de la libération » en Amérique latine, en Afrique et même en Asie.

Le concile de Vatican II, en 1964, et la Conférence épiscopale latino-américaine de Medellin, en 1968, donnaient un visage nouveau à l'espérance chrétienne, à l'espérance de tous les hommes.

Avec la dégénérescence croissante du système soviétique et l'échec des tentatives de sa régénération (*perestroïka* de Gorbatchev), triomphe aujourd'hui une restauration du capitalisme rebaptisé « libéralisme ».

Parallèlement, après l'échec des tentatives de rénovation de l'Église (*aggiornamento* du pape Jean XXIII) triomphe aujourd'hui une « restauration » : celle d'une « théologie de la domination ».

Pour comprendre la situation présente du monde dans toutes ses dimensions, de l'économique au religieux, il est nécessaire de retracer ces trajectoires historiques parallèles.

D'abord celle qui a conduit à l'actuel monothéisme du marché.

Elle a vécu de trois mythes successifs : celui du *progrès* pendant quatre siècles, puis, en moins d'un demi-siècle, avec le désenchantement du mythe du progrès après la Seconde Guerre mondiale, celui du *non-sens* : les philosophies de l'absurde, enfin, cherchant à surmonter leur désespoir, le mythe de « l'intelligence artificielle » de machines à penser remplaçant l'homme pour le pilotage du monde : le mythe de l'*ordinanthrope*.

Le mythe du progrès, depuis la « Renaissance », a tenté de combler le vide laissé par le recul de Dieu et de sa Providence pour entretenir l'espoir.

Lorsque le système capitaliste, à la fin du XVIIIe siècle et au début du XIXe, connut son premier bond en avant avec la machine à vapeur et le développement de l'industrie, ses théoriciens en donnèrent une image idyllique.

Adam Smith enseignait que grâce à « une main invisible » l'intérêt général était la somme des intérêts individuels. L'un de ses disciples, Bastiat, dans ses *Harmonies économiques* énonce le principe de base de cet optimisme béat : si chacun poursuit son intérêt personnel, l'intérêt général sera satisfait. La thèse centrale de Marx, c'est au contraire que le capitalisme (sous quelque étiquette qu'on le camoufle) est créateur de richesse et de progrès technique (et Marx ne ménage pas son admiration à cet aspect du système), mais, en même temps il est créateur d'inégalités, de misère, d'exclusion et donc de violence. Même dans les pays les plus riches, M. Clinton, en 1993, reconnaît qu'aux États-Unis, 1 % de la population accapare 70 % de la richesse produite. La polarisation est pire encore à l'échelle mondiale où 80 % des ressources de la planète sont contrôlées et consommées par 20 % de ses habitants. Avec cette conséquence : *25 millions de morts par la malnutrition ou la faim dans le monde. L'équivalent d'un Hiroshima par jour.*

Cette dialectique de la concentration du capital et de la paupérisation des masses, analysée par Marx, trouve là son illustration la plus véhémente et la plus tragique.

Marx a montré aussi que le progrès technique dans l'industrie chasse l'homme de la production et aggrave son aliénation jusqu'à en faire un appendice de chair dans une machinerie d'acier, et à créer et accroître sans cesse « l'armée de réserve du capital ». Cette loi féroce se vérifie aujourd'hui avec un éclat sinistre : la « croissance » ayant pour moteur une informatisation et une robotisation croissantes de la production et des services, non seulement, depuis 1975, ne crée plus d'emplois mais engendre à la fois une productivité plus grande et un chômage généralisé. Un seul exemple : en 1985, en Belgique, il fallait 40 000 ouvriers pour produire 11 millions de tonnes d'acier. En 1990 il suffit de 21 000 pour en produire 12,5, c'est-à-dire 10 % de production supplémentaire avec moitié moins d'ouvriers.

La croissance ne crée plus d'emploi, et la seule solution est une mutation radicale des rapports avec le tiers monde, pour que la production n'ait plus seulement pour débouché les « besoins solvables » mais crée les conditions pour que les besoins vitaux du tiers monde deviennent « solvables ».

A cette unique solution font obstacle aujourd'hui les institutions par lesquelles les dirigeants des pays les plus riches maintiennent, avec des méthodes nouvelles, les anciens rapports colonialistes.

Le libéralisme porte en lui un principe d'exclusion, d'inégalité croissante. Déjà lors des premières « orgies du libéralisme », le Père Lacordaire en décelait les effets pervers : « entre le fort et le faible, écrivait-il, c'est la liberté qui opprime et la loi qui libère ».

D'une prise de conscience semblable naquirent toutes les tentatives, fussent-elles utopiques, de surmonter la contradiction entre la liberté et la justice.

Fourier dans son pamphlet de 1847 : *De l'anarchie industrielle et scientifique* montrait que la liberté illimitée du marché ne pouvait être le seul régulateur des relations sociales. L'expérience n'a cessé de confirmer depuis lors qu'elle générait, en économie, des relations de domination et de servitude, en politique des affrontements de volonté de croissance et de puissance, dans le domaine de l'esprit, la désertification d'un *homo economicus* qui serait seulement producteur et consommateur et mû par son seul intérêt. Un animal privé d'intériorité et de transcendance.

Moins d'un siècle après (entre deux guerres mondiales nées de ces affrontements), la grande crise de 1929 imposait, pour faire face à la montée des périls, d'intégrer au moins partiellement ce qui était le principe fondateur du socialisme : ne pas laisser à la seule « liberté du marché » la régulation de tous les rapports sociaux. Keynes préconisa l'intervention de l'État pour limiter un « libéralisme » qui se révélait ravageur, et Roosevelt en tira les leçons en instituant aux États-Unis le *New Deal*.

En Europe, en dehors de tentatives semblables, il arriva au libéralisme, pour échapper à ses dérives, de se muer en son contraire : le dirigisme total. Hitler surmonta la crise et le chômage par une politique intensive d'armement qui ne pouvait trouver son débouché que dans la guerre. En Union Soviétique une planification totalitaire réalisa une industrialisation rapide à un coût humain tragique.

Sur le plan intellectuel le refus de ce totalitarisme sous toutes ses formes se manifesta soit par les illusoires retours au passé des intégrismes médiévaux réclamant un « réarmement moral », soit, chez des athées, par des philosophies individualistes du non-sens : « L'homme aspirant à être Dieu et ne pouvant y parvenir, la vie est une passion inutile », écrivait Sartre dans *L'Être et le Néant*. « La vie est absurde », proclamait Camus dans *L'homme révolté* en lui proposant d'imaginer un effort incessant n'aboutissant à rien, à la manière de Sisyphe poussant au sommet de la colline un rocher qui invariablement retombait au ravin : « Imaginez Sisyphe heureux. »

Dans le prolongement du vieux positivisme scientiste d'Auguste Comte l'on vit renaître « l'homme machine » de Lamettrie remis au goût cybernétique du jour par Jacques Monod. Extrapolant à l'histoire et à la morale les modèles biologiques qu'il avait construits, il concluait à la négation d'un mouvement volontaire et proprement humain de l'histoire en la réduisant à ce qui échappe à l'homme : le hasard et la nécessité.

Le nihilisme des *desperados*, après la faillite de l'espoir, pave le chemin des contre-révolutions. Avec la dégénérescence des révolutions vient l'heure des « restaurations ».

En France, en 1815, après la flambée d'espérance de 1789, les terreurs de 1793, les corruptions du Directoire, le despotisme et les aventures vaincues de l'Empire, la contre-révolution, baptisée « restauration », opéra un retour d'un quart de siècle au passé monarchique.

En Russie, en 1990, après la flambée d'espérance de 1917, puis la dictature totalitaire et l'implosion de l'économie du système soviétique, resurgit l'illusion d'un retour au passé. Il ne s'agit plus cette fois de restauration de la monarchie mais de la restauration du capitalisme[3].

Cette « restauration » est ramenée, elle aussi, « dans les fourgons de l'étranger », mais sous une forme nouvelle, non plus militaire mais économique : avec la promesse de financement, sous condition d'une « politique d'ajustement » aux exigences du prêteur, selon la pratique néo-coloniale du Fonds monétaire international (FMI) à l'égard du tiers monde, ou, en cas de réticences à appliquer ces réformes, les menaces d'embargo.

Une campagne médiatique internationale d'une ampleur sans précédent camoufle ce retour au capitalisme sauvage en le donnant pour « libéralisme » et en faisant croire qu'il n'y aurait désormais plus d'autre alternative crédible au goulag que cette jungle ancienne avec ses effets traditionnels : la naissance de fortunes spéculatives rapides pour les malins et les sans-scrupules, et le chômage et la montée des prix pour les multitudes, de la Pologne à l'Allemagne de l'Est, à la Lituanie et à la Russie.

La désintégration de ce qui était, depuis la fin de la Seconde Guerre mondiale, le deuxième pôle de la puissance dans l'affrontement Est-Ouest, n'a pas mis fin à la politique des « blocs » : elle a permis au vainqueur d'y substituer un autre affrontement inégal Nord-Sud pour imposer ce que les dirigeants occidentaux considèrent comme le seul « modèle » de société possible.

Libérés à l'Est de leur crainte par l'émiettement et l'anarchie des nationalismes renaissants depuis l'ancienne Union Soviétique jusqu'à la Yougoslavie, les dirigeants de l'Europe de l'Ouest constituent ce que le traité de Maastricht appelle en toute clarté « le pilier européen de l'Alliance atlantique » (la formulation de cet objectif majeur est répétée à trois reprises dans le texte). Ainsi s'instaure un colonialisme d'un type nouveau, unifié, qui maintient le tiers monde en tutelle.

Ce « colonialisme », comme l'ancien, pratique la barbarie en l'appelant « civilisation ».

L'Occident, responsable des plus grands crimes de l'histoire

3. Le capitalisme comme rêve d'avenir, car celui de la Russie d'avant 1917 était un capitalisme retardataire par rapport à celui de l'Angleterre ou de la France d'alors.

sur tous les continents, du génocide des Indiens d'Amérique à la « traite des Nègres » et d'Auschwitz à Hiroshima, a toujours présenté ses massacres comme des victoires de la civilisation sur la barbarie : autrefois l'entreprise de conquêtes cherchait à se justifier par « l'évangélisation ». Après le recul du religieux en Europe, ceux que Jules Ferry appelait « les races supérieures » apportaient à des « primitifs » la modernité.

Aujourd'hui, avec des moyens techniques infiniment supérieurs, ceux de la guerre presse-bouton, du massacre informatisé, l'on tend, dans les opérations contre le tiers monde, vers la guerre « zéro mort » comme dit le Pentagone. Selon son porte-parole officiel, enterrer vivants dans les tranchées des milliers de soldats ennemis refusant de se rendre s'appelle « épargner des vies humaines ». Lesquelles ?

Dans cette perversion du vocabulaire le droit du fort s'appelle force du droit, et le colonialisme nouveau « droit d'ingérence humanitaire ».

Ce genre d'opérations est magistralement mis en scène par les télévisions, de la guerre du Golfe à la Somalie, pour ne retenir que les exemples les plus récents et les plus « spectaculaires ». Le « droit d'ingérence humanitaire » couvre la recherche de la marionnette politique la plus apte à faire régner « l'ordre et la loi » tels que l'entendent les maîtres d'œuvre de l'intervention. C'est, à l'échelle d'un peuple, en vraie grandeur et en temps réel, la version nouvelle du « polard » classique. Tout comme, de Timisoara à l'Irak le *show business* de la mort informatisée et télévisuelle est la version nouvelle du western auréolant la chasse à l'Indien.

Cette abdication de l'homme au profit des machines à conditionner les esprits, un livre récent[4] en a dégagé les origines.

A partir de 1942 le conflit mondial bascule définitivement dans la barbarie en se donnant pour objectif essentiel les destructions non militaires dont Guernica avait été le prototype artisanal : destruction de Coventry par les fusées hitlériennes, bombardement de Dresde par les alliés anéantissant

4. Philippe Breton, *L'utopie de la communication*, Éd. de la Découverte, 1992.

170 000 civils, massacres des prisonniers slaves et des juifs, puis les Oradour, les Auschwitz et les Hiroshima, en une montée croissante de l'horreur qui aboutira à 40 millions de victimes, 10 fois plus qu'à la Première Guerre mondiale entre les empires rivaux.

Alors prit naissance l'idée, contre ce règne du chaos, que nos sociétés étaient désormais trop complexes pour être pilotées par des hommes, et qu'il était possible d'attendre de « machines à penser » la réponse à toutes les questions. Avec *Cybernétique et société*, de Norbert Wiener, en 1942, concrétisée par l'invention de l'ordinateur en 1945 par Von Neumann, le mythe central de la « modernité » était né : celui de « l'intelligence artificielle » capable de remplacer l'homme. Il engendra « l'ordinanthrope », c'est-à-dire celui qui, au lieu de mettre au service de l'homme les machines, en particulier la plus performante de toutes, l'ordinateur, pense que la machine peut se substituer à l'homme, c'est-à-dire répondre même à la question des *fins* de l'action au lieu de mettre simplement des *moyens* à sa disposition.

Ce qui ne relève pas du langage des machines n'a pas de réalité. Tout doit pouvoir être *communiqué* par elles. Ce totalitarisme de la communication exclut les dimensions proprement humaines de l'homme : l'art, l'amour, la rencontre personnelle, le choix du sens et des fins de la vie.

Un ingénieur peut certes « faxer » à son homologue les données nécessaires pour construire un immeuble.

Puis-je « communiquer » de la même manière mon émotion devant *L'église d'Auvers* de Van Gogh ?

Puis-je m'en remettre à une agence matrimoniale informatisée pour déterminer par ordinateur la femme que je vais aimer ?

L'ordinateur, merveilleux instrument pour trier les possibles les plus efficaces et me dire : si tu veux atteindre tel objectif, voici les chemins et les moyens, peut-il me dicter ce que je dois vouloir si mon but est autre que la performance ? Me conseillera-t-il le dépouillement de Jésus ou le sacrifice de Gandhi, ou toute autre action ne visant pas seulement l'efficacité dans la domination de la nature ou des hommes ?

De là découle une nouvelle vision de la vie dominée par une

conception perverse de la communication : la communication est l'ensemble des « informations » qui peuvent être transmises par la logique et la technique de machines de plus en plus sophistiquées, et qui prétend englober toutes les autres formes de communications humaines, non « rationnelles », non « scientifiques ». Dans cette perspective du totalitarisme informatique de la communication, poser le problème des fins dernières n'a pas de sens.

Pas plus d'ailleurs que dans « l'économie de marché » fondée sur le postulat utilitariste de l'*homo economicus* et de son bonheur de supermarché.

La « sainte alliance » entre l'économie de marché et cette technique de l'information s'est ainsi réalisée d'autant plus naturellement qu'elles reposaient l'une et l'autre sur la même conception réductrice et quantitative de l'homme et de son avenir.

Dans la conception de la « rationalité » commune à l'idolâtrie de l'argent et à celle de la technocratie, toute question sur l'intériorité ou la transcendance relève, comme dans la philosophie unidimensionnelle d'Auguste Comte, des étapes dépassées de la « métaphysique » (de ce qui prétend penser ce qui est « au-delà de la physique », par exemple l'intériorité de l'homme) ou de la « théologie » (comme réflexion sur le sens et les fins ultimes de la vie).

L'intériorité de l'homme est exclue : sur le prolongement des psychologues du comportement (behaviorisme, auquel pensait Norbert Wiener en appliquant la cybernétique aux rapports humains), l'action humaine relève du calcul des *input* et des *output*, des « données » à l'entrée et à la sortie. L'homme y devient transparent sans qualités, sans ombre comme celui de Musil, élément d'une machinerie qui n'est plus seulement matérielle comme dans *Les Temps modernes* de Chaplin, mais intérieure comme chez Kafka.

La transcendance, même comme simple possibilité de rupture de ce déterminisme totalitaire d'un type nouveau, est assimilée aux fantasmes d'une mentalité arriérée.

La rencontre de personne à personne est tenue pour sentimentalisme archaïque.

L'avenir n'est plus alors qu'extrapolation du passé et du

présent, en vertu de cette « futurologie » positiviste qui n'est qu'anticipation technologique. Le lien est intime entre le tee-shirt des punks : *No future*, et *La fin de l'histoire* de Fukuyama puisque le « libéralisme » a concrétisé toutes ses ambitions avec le triomphe final d'un empire universel de la « modernité », depuis ses guerres informatisées jusqu'à un art « stochastique » confiant à l'ordinateur la responsabilité de la création.

Cette vision logistique de l'homme, du monde, et de l'histoire, sécrète ses anticorps pour exclure l'esprit critique et le choix humain. La connaissance est réduite à l'information, au sens technique comme au sens médiatique du mot.

Des jeux télévisés pour adultes aux jouets « éducatifs » pour enfants, l'on confond la culture avec l'entassement des informations : il suffit pour cela d'éliminer la réflexion sur le sens et les fins.

L'éducation est dépouillée de ses fonctions proprement humaines : l'éveil à la réflexion sur le sens de la vie, et la formation d'un caractère capable d'assumer la responsabilité des efforts, des renoncements et des sacrifices pour atteindre ces fins. Elle devient de plus en plus fonctionnelle : fournir la main-d'œuvre, les cadres et les gestionnaires dont ont besoin l'économie et la politique de la société de marché avec ses spéculations et ses concurrences, avec un développement exponentiel des « business schools » et des « énarchies ».

Cette préparation simplement fonctionnelle semble n'avoir pas conscience que toute profession, depuis la création artistique ou l'invention scientifique jusqu'aux tâches les plus humbles, peut être exercée dans le style mercantile ou le style sacerdotal : mercantile si elle n'est qu'un moyen dont le but est d'accumuler le maximum d'avoir ou de pouvoir ; sacerdotal si, à l'inverse de l'individualisme, l'on se considère d'abord comme un membre d'une communauté universelle, personnellement responsable de contribuer à l'épanouissement humain de tous les autres.

Ce choix entre le mercantile et le sacerdotal, ce choix du sens de notre vie, aucune machine, aucune technique ne peut le faire à notre place. Accepter le non-sens du torrent et nous laisser emporter par le monothéisme du marché, sa liturgie publicitaire et médiatique, ses sacrements ultimes de la richesse et de la puissance sur la nature et sur les hommes, ou bien chercher, à contre-courant et à contre-nuit, si notre vie peut avoir un sens. Mais lequel ? Et comment ?

Traditionnellement les éléments de réponse étaient apportés du dehors : par la société proposant ou imposant ses « valeurs », c'est-à-dire les principes sur lesquels était fondée sa cohésion, ou par une religion tenue pour porteuse d'une sagesse transcendante ou d'une révélation des fins dernières de la vie.

Aujourd'hui nos sociétés éclatées, atomisées, animées par le seul mouvement « brownien » de particules aveugles, d'individus, de groupes ou de nations affrontés, évoluent selon des rapports de concurrence et de force qui engendrent les dominations ou les dépendances. Le seul critère étant la performance qui donne le succès dans la poursuite de l'argent. Il permet la survie ou confère le pouvoir.

Quant aux religions, dans ce maëlstrom des rapacités, et des performances techniques pour les satisfaire, elles semblent toutes entrer dans l'avenir à reculons, en regardant vers le passé. Elles identifient la foi avec la forme culturelle ou institutionnelle qu'elle a pu prendre à telle ou telle phase antérieure de l'histoire. Ce qui est la définition de l'intégrisme, avec son cortège d'interdits et de violences, de Jérusalem à La Mecque ou de Rome à l'Inde d'Ayodhia.

Plus que jamais le monde occidental aurait besoin d'une foi répondant à la question fondamentale de notre temps : celle de ce choix, dans toutes les dimensions de notre vie, entre le mercantile et le sacerdotal qui seul, dans le chaos actuel du non-sens et de ses violences, nous permettrait de redonner sens à la vie de milliards d'hommes en suscitant en eux la force de surmonter la jungle.

Et voici que la religion dominante des dominants, le christianisme est en régression non pas seulement par la quantité de ses prêtres et de ses fidèles, mais par la qualité de son message ecclésial qui ne répond pas aux questions, aux angoisses et aux espérances des peuples.

Jésus, qui y répond avec tant de force fraternelle, vit encore dans l'intimité de millions de cœurs, mais l'institution cultive le rituel comme un spectacle à la mode du jour. Sous cette façade de fausse « modernité », elle se retranche derrière les traditions les plus archaïques avec leurs autoritarismes et leurs interdits.

Des appels abstraits à la paix, à la justice et à l'amour n'ont aucune prise sur les rapports sociaux et sur les forces de vie de ceux qui ne relisent pas Jésus avec les yeux des morts.

De quelle religion s'agit-il ?

Des sédimentations deux fois millénaires d'une tradition « constantinienne » qui n'a guère cessé de cautionner les pouvoirs et les dominations, ou bien du mouvement libérateur qui a pris sa source dans la vie et le message de Jésus ouvrant dans l'histoire humaine une brèche décisive en dissociant la vision de Dieu de ses images anciennes : celles de dieux de puissance qui, dans leur extériorité céleste, sacralisaient les puissances de la terre ?

Avec Jésus, pour la première fois, la transcendance divine se révèle dans le dépouillement de toute puissance chez un homme partageant la vie des hommes, et d'abord celle des plus démunis, et révélant, par sa vie et sa mort, la divinité de la vie et de la mort.

S'agit-il d'un « dépôt » à garder, et alors quel en fut le fondateur ? S'agit-il d'un mouvement à transmettre, et qui en fut la source ?

Théologie de la domination ou théologie de la libération ?

I

Une théologie de la domination est-elle une réponse ?

Note préliminaire :

L'interprétation que je donne se fonde sur une lecture précise et attentive des textes et sur les travaux des exégètes.

Mais quel que soit son souci d'objectivité, c'est toujours un homme, avec son histoire personnelle, ses fidélités, ses combats, qui lit et qui interprète.

En un domaine où dire : « Telle est ma foi ! », c'est jouer toute sa vie sur elle, je n'ai pas la prétention d'apporter une vérité définitive, mais un témoignage loyal et fondé.

Cette méditation critique n'est pas de l'ordre d'une réponse mais d'une question.

Cette recherche est menée, dans ce livre, selon l'ordre des raisons. Le lecteur qui voudrait, selon l'ordre du cœur, aller au centre du problème avant de traverser l'argumentation qui étaye les conclusions, peut lire d'abord le chapitre : « Quel Royaume annonce Jésus ? » (p. 117). L'on essaye en effet d'y définir les changements de vie et d'action qu'implique le passage d'une théologie de la domination à la simple lecture du message libérateur de Jésus.

1. Au commencement était Paul

Une vie de Jésus ne peut être écrite car il n'en existe aucun récit dans les Évangiles. Les témoins, auteurs des synoptiques, ne se voulaient pas des chroniqueurs ou des historiens, mais des prédicateurs soucieux de « l'édification » d'une communauté. Ce qui leur importe, dans les événements de la vie de Jésus, ce ne sont pas les faits mais leur sens.

Par contre, encore que l'entreprise soit difficile, il est possible, grâce aux recherches des exégètes depuis trois siècles, de dégager les lignes maîtresses du message de Jésus.

Les travaux sur les textes ont permis de retrouver au moins différentes étapes de la rédaction des Évangiles encore que les conclusions restent pour une part provisoires et conjecturales.

La synthèse et l'approfondissement de siècles de réflexion, réalisés dans les deux volumes de la *Synopse* de l'École biblique de Jérusalem par les pères Boismard et Benoît, ont éclairé la voie pour une lecture plus assurée des textes à travers les strates successives de leur écriture. Des documents plus anciens, notamment les probables recueils des *logia* de Jésus, antérieurs à leurs insertions dans une narration continue, découverts au cours du dernier demi-siècle, ont permis, par recoupement, non seulement d'étayer certaines hypothèses, mais de situer plus précisément le message originel de Jésus dans le contexte historique et spirituel de l'époque et, par conséquent, de dégager ce qu'il y avait de spécifique, de radicalement nouveau dans sa « levée ».

Pour ne citer que les plus connues de ces exhumations : la bibliothèque de la communauté des esséniens de Qumran, ou les écrits d'inspiration gnostique de Nag Hammadi, parmi lesquels 114 *logia* de Jésus (inexactement appelés l'Évangile de Thomas) dont le père Boismard a pu dire dans la *Synopse*, où il utilise 80 de ces *logia* en parallèle avec les canoniques :

« Il semble, qu'il (l'Évangile selon Thomas) nous permette d'atteindre une forme de tradition évangélique antérieure à la rédaction des évangiles canoniques. Son témoignage serait alors très important pour reconstituer l'histoire de la transmission des paroles du Christ[1]. »

Il ne m'appartient pas d'entrer dans les controverses mais, à partir de leurs précieuses investigations, de retenir un seul point : la chronologie des textes. Elle est établie aujourd'hui sans contestation majeure.

La correspondance de Paul qui est parvenue jusqu'à nous peut être divisée en trois périodes dont l'exégèse est en mesure d'établir les dates avec suffisamment de sécurité. La *première*, située autour de l'année 50 comprend les deux lettres aux Thessaloniciens. La *deuxième*, centrale, date probablement de l'année 57, lorsque Paul est à Ephèse, et comprend les lettres aux Corinthiens, aux Galates et aux Romains. La *troisième* se situe durant la captivité de Paul à Rome, entre les années 61 et 63 ; de cette période date la lettre à Philémon.

Paul lui-même appelle l'ensemble de son enseignement « mon Évangile » (Rm 2, 16). (Dans le recueil canonique des Évangiles il tient d'ailleurs à lui seul plus de place que les trois Synoptiques réunis.)

Les quatre Évangiles canoniques, là encore selon une datation qui n'est plus mise en doute, s'échelonnent ainsi :

Marc (dont le Père Benoît, dans l'introduction à la *Synopse*, a révélé les « paulinismes[2] ») : an 64.

Matthieu : années 80-90.

Luc : années 80-90.

Jean : fin du Ier siècle.

1. *Synopse* de l'École biblique de Jérusalem, tome 1, p. 56, Éd. du Cerf, 1965.

2. Tome 2, p. 23.

(Il s'agit là des dernières rédactions, celles que nous pouvons lire aujourd'hui, venues au terme de rédactions « intermédiaires »[3].)

Ainsi parmi les textes canoniques du Nouveau Testament, *les épîtres de Paul sont antérieures de dix à quinze ans aux premiers Évangiles.*

Les auteurs des Synoptiques, comme nous le rapportent les Actes des Apôtres, furent tous de proches collaborateurs de Paul. Luc fut le compagnon fidèle qui accompagna Paul depuis son deuxième voyage (Ac 16, 10 suiv.), son troisième (Ac 20, 6 suiv.) et ses deux captivités romaines (Col 4, 14 ; Phm 24 ; 2 Tm 4, 11). Dans les Actes des Apôtres, Luc accorde la première place à l'activité missionnaire de Paul (ch. 13 à 28), en parfaite concordance avec le tableau que l'on peut tirer des lettres de l'Apôtre.

Marc seconda souvent Paul dans ses missions (Ac 12, 25 ; 13, 5, 13 ; Phm 24 ; 2 Tim 4, 11).

Quant à Matthieu, il présente, sous sa forme la plus systématique, à partir de prophéties de l'Ancien Testament, la thèse centrale des trois autres Évangiles : Jésus est le Messie (*Christ* en grec) promis dans l'Ancien Testament[4].

Si l'on tient compte sérieusement de cette chronologie et du fait que Luc et Marc furent des proches collaborateurs et disciples admiratifs de Paul (comme en témoigne, pour Luc, la deuxième partie des Actes, qui sont la suite de son Évangile), une conclusion paraît évidente : à l'inverse de ce que l'on pourrait croire lorsqu'on lit les Évangiles dans l'ordre traditionnel, *Paul n'est pas un commentateur des Synoptiques puisque son œuvre leur est antérieure.*

Tout au contraire, *l'œuvre de Paul est l'une des sources théologiques des Évangiles.*

3. Certains exégètes ont fait des réserves, non sur la chronologie mais sur l'identification des rédacteurs des Évangiles en raison de la tendance, au IIe siècle, à attribuer des noms précis d'auteurs à de multiples témoignages anonymes sur l'événement Jésus. (Voir à ce sujet : Werner Kelber, *Tradition orale et Écritures*, Éd. du Cerf, 1991.)

4. Matthieu défend souvent des idées éloignées de celles de Paul, notamment en ce qui concerne la valeur de la Loi (tout comme Luc d'ailleurs), mais il présente par contre sous sa forme extrême la thèse de la continuité entre l'Ancien et le Nouveau Testament.

L'on ne peut néanmoins considérer que l'œuvre de Paul est la seule source théologique des Évangiles, car le christianisme naissant n'est pas un bloc monolithique issu d'un groupe strictement identifiable autour de Jésus. Il s'origine d'un essaim de « partisans » du rabbi/prophète qui ont colporté leur interprétation respective de « l'affaire Jésus »...

Dans ce cadre il est possible que les Synoptiques aient intégré certaines idées de Paul qui convenaient à leurs rédacteurs. L'Évangile de Paul n'est pas une création *ex nihilo*. Paul fonde son activité sur des *traditions* (I Co 11, 2) avec lesquelles il dialogue de manière critique. Ceci vaut aussi bien pour les fragments d'*hymnes* judéo-chrétiens (Rm 1, 24) qu'il cite pour gagner la confiance de judéo-chrétiens de Rome que pour les *titres* attribués à Jésus, qui sont antérieurs à Paul.

Dans la magistrale synthèse de sa théologie, l'épître aux Romains, il répond au problème majeur des rapports entre judaïsme et christianisme sur lequel se divisaient (parfois âprement comme au cours de la « crise Galate ») chrétiens d'origine juive et chrétiens d'origine païenne.

Il y a chez les auteurs des Synoptiques, témoins oculaires de la vie de Jésus, autre chose que chez Paul : d'abord leurs souvenirs personnels des paroles et des actes de Jésus, et aussi des possibles recueils circulant après la mort de Jésus à Jérusalem ou à Antioche, sur ses propos ou ses actions les plus marquantes.

Pour Paul le problème ne se pose pas : il n'a pas connu Jésus pendant sa vie et d'ailleurs il n'évoque ni les actes ni les paroles de Jésus. Au centre de sa réflexion et de sa théologie (la première théologie chrétienne) il y a la Résurrection, qu'il interprète comme une manifestation de la puissance du Dieu de l'Ancien Testament, et comme l'accomplissement des promesses faites à Israël.

Or entre Paul nous parlant de Jésus *après sa mort*, et les évangélistes ses disciples nous parlant *de sa vie* dans la perspective de la théologie paulinienne de la résurrection y a-t-il parfaite concordance et continuité ? N'y a-t-il pas des souvenirs des actes ou des paroles de Jésus qui ne « cadrent pas » avec la thèse de Paul ?

Pour répondre à cette question la méthode est relativement

simple, presque une vérité de La Palisse : l'Évangile de Paul et les Synoptiques, dans la mesure où se mêlent des souvenirs personnels et les interprétations théologiques de Paul, ont conduit à reconstruire la vie de Jésus à partir d'une mosaïque de prophéties de l'Ancien Testament au point de dire, comme il le fait : « Les prophètes et Moïse ont prédit ce qui devait arriver et je ne dis rien de plus » (Actes des Apôtres 26, 22).

Une note de la TOB[5] précise : « L'Évangile n'ajoute rien, en un sens, à l'Ancien Testament, puisque tout ce qu'il proclame a été annoncé d'avance. Il s'agit de montrer combien la foi chrétienne est authentiquement incluse dans la foi d'Israël[6]. »

Est-il vrai que Jésus n'apporte « rien de plus » que l'Ancien Testament ?

Ne serait-il « rien de plus » que l'acteur obéissant d'un scénario écrit par Moïse et les prophètes ?

Paul, bien qu'en rupture avec l'orthodoxie juive, a voulu couler la vie et le message de Jésus dans le moule de l'Ancien Testament pour faire de Jésus le Messie annoncé par les Prophètes. Les témoins de sa *vie*, auteurs des Évangiles, ont fait de cette théologie de Paul sur la *mort* et la résurrection de Jésus la grille d'interprétation de leurs souvenirs personnels.

Essayons donc de rechercher, dans les Synoptiques, ce qui est irréductible au schéma paulinien, pour tenter de retrouver des paroles ou des actes de Jésus qui ne soient préfigurés ni dans l'Ancien Testament, ni dans la lecture vétéro-testamentaire de Paul.

Ainsi deviendra-t-il peut-être possible de dégager ce qui, dans la vie et le message de Jésus, est radicalement nouveau, en rupture avec toutes les religions du passé, et qui ouvre une brèche dans l'histoire, inaugure un nouveau commencement.

L'application de cette méthode implique trois moments :

1° Partir (comme l'exige la chronologie des textes) du

5. Traduction œcuménique de la Bible.
6. TOB, p. 433, note c.

système rigoureux de la théologie de Paul : *L'Évangile de Paul*.

2° Examiner la manière dont ce schéma d'interprétation de la mort de Jésus est appliqué par les évangélistes dans l'évocation concrète de sa vie : *La théologie de Paul dans les Évangiles*.

3° Discerner s'il n'existe pas « un reste » irréductible, dans ces récits, dans ces souvenirs et ces traditions orales, qui n'entre pas dans ce schéma voire qui le contredit ? *De Jésus à Paul*.

2. L'Évangile de Paul

« Mon Évangile » (Romains 2, 16), c'est ainsi que Paul définit son œuvre. Avec juste raison d'ailleurs puisque lorsqu'il l'écrit il n'en existe point d'autre.

Il défend très fortement sa qualité d'apôtre supérieur aux autres, car il a connu le Christ non pas dans sa vie historique, mais après la gloire de sa résurrection pour recevoir l'investiture. Mieux donc que tout autre : « selon l'esprit », non « selon la chair », et par communication directe.

Il évoque « le jour où Dieu révéla en moi son Fils » (Ga 1, 15-17). « Cet Évangile que je vous ai annoncé n'est pas d'inspiration humaine, ce n'est pas par un homme qu'il m'a été transmis ni enseigné, mais par une révélation de Jésus-Christ » (Ga 1, 11-12).

C'est l'apparition du ressuscité et non pas le fait de l'avoir connu historiquement qui fonde l'apostolat. « Si nous avons connu le Christ à la manière humaine, maintenant nous ne le connaissons plus ainsi » (II Co 5, 16).

Les disciples ont tous fait l'expérience de Jésus ressuscitant dans leur vie. Paul l'a faite aussi. Mais il constitue néanmoins une exception, qu'il ne signale pas dans la liste des témoins : chez tous les autres la foi a précédé les apparitions. Chez lui l'apparition a précédé la foi.

C'est pourtant sur elle qu'il fonde son investiture d'apôtre. Il se glisse à la fin de la liste des témoins, avec humilité certes, en se qualifiant « d'avorton », mais en passant sous silence cette différence radicale. Il s'accuse d'avoir persécuté les disciples de Jésus, et d'être ainsi « le plus petit des apôtres », mais pour ajouter aussitôt : « J'ai travaillé plus qu'eux tous » (I Co 15, 10), et pour effacer toute différence dans le message apporté.

De l'apparition dont il se dit le témoin direct, il parle plus de quinze ans après l'événement, et toujours dans un contexte polémique, pour authentifier sa qualité d'apôtre : il est apôtre parce qu'il a « vu ».

Dans l'épître aux Philippiens (3, 12) il dit simplement : « J'ai moi-même été atteint par le Christ-Jésus », sans aucun détail.

Dans la 1re épître aux Corinthiens (9, 1-2), sans raconter comment, il dit : « N'ai-je pas *vu* Jésus, notre Seigneur. » Ce qui fait de lui un « apôtre » *(ibidem)*. Une deuxième fois dans la même épître (15, 8) il rappelle : « Il s'est fait voir de moi aussi. »

La vision qu'il eut sur le chemin de Damas fait de lui l'apôtre par excellence, pas seulement parce que *son* Évangile fut le premier, mais parce qu'il a reçu l'investiture directement de Dieu : « Le Christ parle en moi » (II Co 13, 3).

Ce n'est pas, d'après ses épîtres, le seul trait exceptionnel qui le distingue des autres apôtres et le place au-dessus d'eux.

Il nous apprend, dans l'épître aux Galates (1, 1) que Dieu l'a « mis à part depuis le sein de ma mère ».

Après sa vision il va en Arabie (Ga 1, 17). L'on pourrait se demander pourquoi si l'on n'apprenait que le « mont Sinaï est en Arabie » (Ga 4, 25).

Le symbole est éloquent : c'est au Sinaï que Moïse eut la révélation de la Loi (Ex 34, 28). Ce pèlerinage aux sources rappelle que Paul est porteur, par son Évangile, de la nouvelle Loi. Pas plus que l'élection depuis le sein de sa mère, ceci ne fut le cas d'aucun autre apôtre.

Paul souligne qu'il a « travaillé plus qu'eux tous » (I Co 15, 10), ajoutant aussitôt : « Non pas moi, mais la grâce de Dieu qui est avec moi. »

En effet, les épreuves qu'il énumère (II Co 11, 1-33) : prisons, tortures, évasions, lapidations, « dangers de mort » de toutes sortes, en font un martyr.

Ceci lui confère des droits particuliers, singuliers pour un missionnaire : « Je me suis fait un point d'honneur de n'annoncer l'Évangile que là où le nom de Christ n'avait pas encore été prononcé, pour ne pas bâtir sur les fondations qu'un autre aurait posées » (Rm 15, 20).

Aussi pourra-t-il écrire aux Corinthiens : « C'est moi qui, par l'Évangile, vous ai engendrés en Christ » (I Co 4, 15).

Enfin, pour confirmer l'exceptionnalité de son apostolat, Luc, son disciple, nous dit : « Dieu accomplissait par les mains de Paul des miracles peu banals » (Ac 19, 11). Il présentait donc « tous les signes de l'apôtre » (II Co 12, 12).

Mais il fut le seul à connaître une ascension dans le ciel : « il fut enlevé jusqu'au troisième ciel » (II Co 12, 2) où il bénéficia de « révélations extraordinaires » (12, 7) mais, ajoute-t-il, ce n'est pas là qu'il met son « orgueil » (12, 9).

L'extension de sa mission aux païens il la trouve justifiée par l'Ancien Testament : « Des peuples nombreux s'attacheront au Seigneur... Ils deviendront mon propre peuple » (Za 2, 15), ou encore : « des foules de nations vont être émerveillées » (Es 2, 15).

C'est donc dans la continuité de l'Ancien Testament et en se référant à lui que Paul étend aux païens sa mission.

L'expérience visionnaire qui est à l'origine de la vocation de Paul est plus complexe, si l'on se réfère à ses épîtres, que le scénario de Luc dans les Actes (9, 3-18).

— En I Co 15, 8, l'apôtre parle d'*apparition* en situant la sienne parmi d'autres qui relèvent d'une tradition antérieure ;

— en Ga 1, 11-12, il parle de *révélation* qui n'implique pas une forme particulière de description de la rencontre divine ;

— en Ph 3, 10, il parle de *connaissance* personnelle qui bouleverse sa vie d'« Hébreu fils d'Hébreu » (Ph 3, 7) et l'oriente vers un but nouveau (Ph 3, 14).

Paul se situe bien ainsi dans le prolongement de l'action d'Israël, mais comme apôtre des nations païennes (Rm 1, 5 et 13-14, etc.), sans rompre pour autant avec « la tradition de mes pères » (Ga 14 et suiv.) et la mission d'Israël en allant vers les nations païennes, selon les prophéties d'Esaïe (42, 6 et 49, 6), de Jérémie (1, 5) et d'Osée (2, 25). Cf. Romains 9, 26 et la note f de la TOB p. 474 : « Dans cet oracle (Osée 2, 25) Osée annonce le retour en grâce d'Israël coupable. Rejeté un temps par Dieu à cause de ses fautes, le peuple élu redeviendra, au jour de la conversion et du pardon, le peuple de Dieu, *son peuple*. Avec une tranquille audace, Paul applique ce texte aux païens : eux qui n'étaient pas le peuple de Dieu, deviennent en Jésus-Christ son peuple[1]. »

C'est cette continuité entre l'Ancien et le Nouveau Testament, si fortement affirmée par Paul, pour qui « Jésus a accompli les promesses faites aux Pères » (Rm 15, 8) que Luc, dans les Actes des Apôtres, souligne et résume en disant que Paul « parle de Jésus à partir de la loi de Moïse et des prophètes » (Ac 28, 24), et rapporte ainsi les propos tenus par Paul à Agrippa : « Les prophètes et Moïse ont prédit ce qui devait arriver et je ne dis rien de plus » (Ac 26, 24).

Il conviendra donc de nous demander s'il faut prendre à la lettre de telles formules et si nous devons nous rallier au commentaire de ce verset donné en note dans la TOB : « Paul pousse ici à l'extrême limite sa foi en l'accomplissement des Écritures : l'Évangile n'ajoute rien en un sens à l'Ancien Testament puisque tout ce qu'il proclame a été annoncé d'avance. Il s'agit de montrer que la foi chrétienne est authentiquement incluse dans la foi d'Israël[2]. »

Faire de Jésus un nouveau David est une idée dont Paul n'est peut-être pas le père, car si Matthieu se réfère 17 fois à David, Marc 7 fois, Luc 13 fois, l'ensemble du corpus paulinien ne le cite que 4 fois.

Le texte de l'épître aux Romains (1, 1-3) où Paul « appelé à être apôtre pour annoncer l'Évangile de Dieu, cet Évangile, qu'il avait déjà promis par ses Prophètes dans les Écritures

1. TOB, p. 474, note f.

2. TOB, p. 433. Il ne s'agit pas d'un problème seulement historique car ce choix initial implique une conséquence fondamentale sur le sens même de notre vie : Jésus a-t-il, par sa vie, son message et sa mort, apporté quelque chose de radicalement nouveau par rapport à l'Ancien Testament, et même en rupture avec toutes les conceptions anciennes de Dieu ? Question tout à fait actuelle puisque le *Catéchisme* de 1992, p. 560, reprend intégralement la thèse de Luc et s'y réfère expressément : « Toutes les Écritures (la Loi, les Prophètes et les Psaumes) sont accomplies dans le Christ. » Le *Catéchisme* précise même (p. 524) : « David est par excellence le roi ''selon le cœur de Dieu''... David... est le premier prophète de la prière juive et chrétienne. La prière du Christ véritable Messie et Fils de David, révélera et accomplira le sens de cette prière. »

saintes, concerne son Fils, issu selon la chair de la lignée de David », ne répond-il pas à un texte liturgique judéo-chrétien des milieux populaires de Palestine pour lesquels David était le symbole de l'espérance de la foi en la fin de la domination étrangère ?

En Rm 4, 6, David est nommé en introduction à une citation de ses Psaumes : « David célèbre le bonheur de l'homme, au compte duquel Dieu porte la justice indépendamment des œuvres. » La thèse centrale de la théologie de Paul : « que l'on peut être juste sans les œuvres », comme la résumait le Père Lagrange, se trouve ainsi appuyée par l'autorité de David, comme, aux versets précédents, par l'exemple d'Abraham.

En Rm 11, 9 le nom de David est invoqué, pour introduire aussi une citation de ses Psaumes, au terme duquel Paul rappelle deux de ses thèmes fondamentaux : celui du « libre choix de la grâce » (11, 5) et celui du « reste », ce que Paul appelle dans son épître aux Galates (6, 16) « l'Israël de Dieu », c'est-à-dire « l'*ensemble de ceux, qu'ils soient d'origine juive ou païenne*, qui croient que Jésus est le Christ, le Messie promis par Dieu à Israël[3] ».

La priorité, chez Paul, appartient aux Juifs : il le rappelle à quatre reprises dans son épître aux Romains : le salut « du Juif d'abord, puis du Grec » (1, 17). « Dieu aurait-il rejeté son peuple ? Certes non » (11, 1). « Ceux de ma race selon la chair, les Israélites a qui appartiennent l'adoption, la gloire, les alliances, la loi, le culte, les promesses » (9, 3-5). « Dieu s'est fait serviteur des circoncis pour accomplir les promesses faites aux pères » (Rm 15, 8), mais il est écrit : « Je te célébrerai parmi les nations païennes » (Rm 15, 9) (par référence à Zacharie 2, 15).

Paul ayant, par un apostolat directement cautionné par Dieu, intégré Jésus au plan divin tel que l'avait déployé l'Ancien Testament de la promesse à son accomplissement, et faisant de Jésus le Christ, le Messie de cette fin des temps, s'adresse en

3. Cf. TOB, p. 479 note a. C'est l'interprétation retenue par le récent *Catéchisme* : « Le Seigneur Jésus institua les Douze, les germes du Nouvel Israël et en même temps l'origine de la hiérarchie sacrée » [p. 192, avec référence à *Ad Gentes*, de Vatican II (1, 5)].

priorité, dans ses missions, aux Juifs qui furent les médiateurs nécessaires pour apporter le salut. [« Le salut vient des Juifs », écrira Jean (4, 22) dans la voie tracée par Paul.]

Le but premier de Paul est de convaincre les Juifs que Jésus est bien le Messie annoncé par les prophètes. C'est pourquoi, au cours de ses missions, telles que les racontent les Actes des Apôtres, il commence toujours sa prédication dans les synagogues : à Salamine (Ac 13, 5) ; à Antioche de Pisidie (13, 14) ; à Iconium (14, 1) ; à Thessalonique (17, 1) ; à Bérée (17, 12) ; à Corinthe (18, 4 et 19) ; à Éphèse (19, 8) ; à Rome enfin, il invite d'abord les « notables juifs » (28, 17).

La TOB souligne à ce propos : « A Rome, comme ailleurs, Paul s'adresse aux Juifs avant de s'adresser aux païens[4]. »

Si l'on n'oublie pas que les épîtres de Paul constituent quinze ans avant les Synoptiques, le premier Évangile (« mon Évangile »), il devient clair que c'est Paul qui a souligné cette continuité entre l'Ancien Testament et le Nouveau.

Rien n'est plus significatif que sa prédication à la synagogue d'Antioche de Pisidie (Ac 13, 13-39). Invité par les chefs de la synagogue, « après lecture de la Loi et des Prophètes », à prendre la parole, Paul commence à réciter le credo deutéronomique résumant l'histoire d'Israël : l'élection divine (17), l'Exode d'Égypte (17), le don de la terre de Canaan et l'extermination des sept nations qui y vivaient (19), le règne de David, que Dieu considère « selon son cœur » (22), « au service du plan de Dieu » (36) dont il a « accompli toutes les volontés » (22).

Paul ajoutera une rallonge au credo historique de ses coreligionnaires : dans les quatre premiers versets de son épître aux Romains, il énonce les thèmes majeurs de « son Évangile », qui constitueront, pour vingt siècles, l'essentiel du credo des Églises chrétiennes.

« Paul, serviteur du Christ Jésus, apôtre par vocation, mis à part pour annoncer l'Évangile de Dieu que d'avance il avait promis par ses prophètes dans les Saintes Écritures concernant son Fils, issu de la lignée de David selon la chair, établi Fils de Dieu avec puissance selon l'esprit de sainteté, par sa résurrection des morts, Jésus-Christ notre Seigneur » (Rm 1, 1-4).

4. P. 438, note g.

« C'est de sa descendance (de David) que Dieu, selon sa promesse, a fait sortir Jésus » (23).

« Jésus sera le Sauveur d'Israël » (23).

« La population de Jérusalem et ses chefs ont méconnu Jésus » (27) et l'ont condamné, « accomplissant ainsi les paroles des Prophètes » (27) et « tout ce qui était écrit à son sujet » (29). « Mais Dieu l'a ressuscité des morts » (30) par une nouvelle preuve de sa puissance et de sa sollicitude envers Israël.

Dans sa première épître aux Corinthiens (15, 3-4) il complète ce credo en y ajoutant la rédemption : « Christ est mort pour nos péchés, *selon les Écritures*. Il a été enseveli, il est ressuscité le troisième jour *selon* les Écritures. »

L'accent mis sur la référence aux Écritures (deux fois invoquées en deux lignes) souligne *la préoccupation majeure de Paul d'insérer Jésus dans la tradition juive*.

« Il est possible que Luc, dans les Actes, ait donné de Paul un portrait différent parfois de celui qui se dégage des épîtres. Luc, pour des raisons pastorales a tendance à accentuer la fidélité de Paul aux traditions juives contre les contestations hellénisantes très fortes dans les années 80. »

En ce Ier siècle le message chrétien avait besoin, pour faire reconnaître sa légitimité, « de s'enraciner dans une tradition religieuse reconnue par le peuple d'alors c'est-à-dire la Thora et les Prophètes[5] ».

Il n'en reste pas moins que les épîtres de Paul ne contiennent que deux allusions à la vie de Jésus, mais plus de deux cents citations de l'Ancien Testament.

« Nous vous annonçons la Bonne Nouvelle : la promesse faite aux Pères, Dieu l'a pleinement accomplie quand il a ressuscité Jésus » (Ac 13, 33) continuant les bienfaits de David comme l'annonçait Ésaïe (55, 3).

Dans cette « Bonne Nouvelle » pas un mot sur la *vie* de Jésus, comme s'il s'agissait d'une parenthèse inutile : ce qui importe

5. Voir à ce sujet : S. Legasse, *Paul, apôtre*, Éd. du Cerf, 1991 et R.E. Brown et J.P. Meier, *Antioche et Rome, berceaux du christianisme*. Il convient de ne pas oublier que c'est à partir des lectures de la Synagogue que l'on débattait sur l'authenticité du message et de la mission de Jésus. Paul et les évangélistes ont ainsi recours aux traditions du milieu juif.

c'est ce qui est *avant sa vie*, sa lignée, celle de David, et *après sa mort* : le miracle de sa résurrection par la puissance du Dieu des Pères. Ce n'est pas l'Évangile de Jésus qui est prêché par lui mais « le plan de Dieu tout entier que je vous ai annoncé » (Ac 20, 27). « Les prophètes et Moïse ont prédit ce qui devait arriver, et *je ne dis rien de plus* » (Ac 26, 22).

Comme l'écrit Faus : « Jésus est déduit et nous ne rencontrons en Jésus que le Dieu que nous connaissons ou que nous croyons connaître. De cette manière Jésus ne révèle rien[6]. »

Ce credo paulinien est caractérisé par l'absence de toute référence à *la vie* de Jésus[7]. Tout commence avec un nouveau miracle, continuant la série de ceux qui ont jalonné l'histoire d'Israël selon la Thora. Dans l'apologétique triomphaliste de la puissance, la vie de ce vaincu, pauvre parmi les pauvres, annonçant un Royaume où les pauvres auraient priorité, n'a guère de place. Jésus y ferait figure de « parent pauvre », dont il vaut mieux ne pas évoquer les misères et la faiblesse.

En présentant sa résurrection comme un miracle de la puissance de Dieu, au même titre que la Création, le Déluge, l'Exode ou les victoires de David, Dieu n'a pas cessé d'être un pouvoir, semblable à l'image traditionnelle d'un souverain tout-puissant. Ainsi est effacé le message spécifique de Jésus. Celui par qui Dieu n'a plus les attributs anthropomorphiques des dieux anciens : non seulement la puissance, mais la jalousie, la préférence tribale de ses « élus » à qui il accorde la victoire, ou recommande une vengeance exterminatrice contre ses ennemis. En un mot, tout ce qui distingue radicalement le Dieu de Jésus de tous les autres, y compris du « dieu des armées » de la Thora.

Paul, pour investir Jésus de la fonction traditionnelle de Messie (de *christ*), fait de l'humble charpentier un fils de roi. Cette étrange promotion créera des difficultés, quinze ans plus tard, aux auteurs des Évangiles, lorsqu'il faudra doter Jésus d'une

6. Gonzalez Faus, *Accesso a Jesus*, Éd. Sigueme, Salamanque, 1980, p. 13.

7. « J'ai décidé de ne rien savoir parmi vous sinon Jésus-Christ et Jésus-Christ crucifié » (I Co 2, 2). Paul médite longuement sur la Croix (faiblesse, malédiction, folie, solidarité avec la destinée humaine par exemple, Ph 2, 6-11) mais la *vie* de Jésus ne commence pour lui qu'avec sa *mort*.

généalogie : la royauté, dans l'Ancien Testament, ne se transmet pas par les femmes, et Joseph, tenu pour descendant de David, est exclu de la paternité réelle de Jésus.

Mais faire de Jésus le descendant et l'héritier de David, comme Paul le premier l'a fait (Rm 1, 3, 2 Tim 2, 8) conduit à écarter la conception du Royaume annoncé par Jésus. Les Synoptiques reprendront les thèses du premier Évangile, celui de Paul : « Le Seigneur lui donnera le trône de David » (Luc 1, 32). Marc (12, 35-37), Luc (20, 41-44) et Matthieu (22, 41-45) évoquent le difficile problème posé par Paul, du rapport entre la qualité de Messie et la filiation davidique qui, pour le peuple, ne feront qu'un. « L'attente du roi idéal, Messie, est solidaire de l'idéologie royale », note Mircea Éliade[8].

Cette identification est d'autant plus fâcheuse que la biographie de David, d'après la Bible (il n'existe d'ailleurs aucune trace historique de David en dehors de ce qu'en dit la Bible de I Samuel 16 à II Samuel 24) en fait un personnage inquiétant.

David, ancien écuyer du roi Saül (I Sa 16, 21), écarté par Saül jaloux de ses victoires sur les Philistins (18, 8), s'enfuit dans les montagnes où il constitue une bande armée « d'endettés et de mécontents » (20, 2). Puis, à la manière des *condottieri*, passant au camp des ennemis de Saül et d'Israël, les Philistins, il se met au service de leur roi, Akish (29) et organise des raids de pillage aux alentours : « David massacrait la population, ne laissant en vie ni homme ni femme, enlevant petit et gros bétail, ânes, chameaux et vêtements » (27, 9). Akish l'enrôle dans son armée pour combattre Israël (28, 1) et David y consent (29, 8). Mais les princes philistins exigent de leur roi qu'il se sépare de David.

Après le suicide de Saül, David se fait élire roi. Le seul fils vivant de Saül, Esbaal, se fit aussi proclamer roi. Après la bataille du Champ des Rocs où « les gens d'Israël furent battus devant les serviteurs (mercenaires) de David » (II S 2, 17), « la guerre fut longue entre la maison de Saül et la maison de David » (3, 1). Deux chefs de bande ayant assassiné le fils de Saül, ils en envoient la tête à David (4, 8). David fait couper

8. *Histoire des croyances et des idées religieuses*, tome I, p. 349.

les mains et les pieds des messagers et les pend (4, 12). Après l'assassinat du fils de Saül, David put devenir roi à la fois de Juda et d'Israël (5, 4). David s'installe alors à Jérusalem, à la charnière des deux royaumes. Jérusalem devient « la cité de David » (5, 8-9).

David, Seigneur de la guerre, remporta de multiples batailles : « Il devint de plus en plus grand et le Seigneur, le Dieu des puissances, était avec lui » (5, 10).

Il lui restait à assurer un héritier de son trône. Il y pourvut en s'emparant de Bethsabée, femme d'Urie, l'un des plus pieux et des plus fidèles de ses généraux. « La femme devint enceinte » (11, 5) et David se débarrassa de son mari en l'envoyant mourir sur le front, ordonnant à Joab, l'un de ses hommes : « Mettez Urie en première ligne, au plus fort de la bataille. Puis vous reculerez derrière lui. Il sera atteint et mourra » (11, 15). C'est ainsi que naquit Salomon.

Tel est l'ancêtre royal que Paul, le premier, attribua à Jésus.

Ce syncrétisme mortel a pesé jusqu'à nos jours sur l'histoire du christianisme.

Le père Segundo rappelle que David est, dans l'exégèse classique, « l'une des préfigurations les plus classiques de Jésus dans l'Ancien Testament[9] ».

Cette « exégèse classique » est d'abord celle du premier Évangile, constitué par l'enseignement de Paul. Pour lui, la « bonne nouvelle » est celle de l'accomplissement des promesses de Dieu faites à Israël : « Nous vous annonçons cette bonne nouvelle : la promesse faite au Père, Dieu l'a pleinement accomplie, à l'égard de nous, leurs enfants, quand il ressuscita Jésus, comme il est écrit au Psaume second » (Ac 13, 32-33).

Paul précise : « Le Dieu de notre peuple d'Israël a choisi nos pères... Dieu leur a suscité David comme roi. » C'est à lui qu'il a rendu ce témoignage : « J'ai trouvé David, un homme selon mon cœur, qui accomplira toutes mes volontés » (Ac 13, 17-22).

Les deux livres de Samuel et le premier livre des Rois nous

9. J.L. Segundo, *Qu'est-ce qu'un dogme ?*, Éd. du Cerf, 1992, p. 188. Le *Catéchisme* 1992 continue cette tradition en soulignant que le Christ est dans la descendance messianique de David (p. 98).

ont montré ce que furent ces « volontés » et comment elles furent « accomplies ».

Pourtant cette ascendance davidique va peser sur toute l'histoire de l'Église depuis Paul. Paul invoquait déjà (Ac 13, 34) en faveur de Jésus, une prophétie d'Esaïe (55, 3) : « Je vous donnerai les saintes, les véritables réalités de David. » Luc précisera après lui : « Le Seigneur lui donnera le trône de David son Père » (1, 32).

Cette longue tradition se fonde sur un choix décisif : celui d'une théologie de la domination. Elle caractérise non seulement la vie de David, telle qu'elle nous est racontée dans la Bible, mais certains Psaumes qui lui sont attribués. Il est caractéristique que l'exaltation de la *puissance* du Messie se réfère aux Psaumes attribués au roi messianique David, en particulier le Psaume 110, hymne à la « puissance » et à la « domination » (110, 2) au sens le plus évident : « faire de tes ennemis l'escabeau de tes pieds... les cadavres s'entassent... il a écrasé les têtes ». La geste de David écrite par Samuel montre qu'il ne s'agit pas de métaphores.

Il reviendra, comme le Dieu puissant et redoutable de l'Ancien Testament (Deutéronome 32, 35 ; Psaume 94, 1-2) pour « tirer vengeance » (Rm 12, 19 ; I Co 4, 6 ; II Th 1, 8), car, dit Paul, « il est juste que Dieu rende détresse pour détresse à vos oppresseurs » (Th 1, 6).

Ces évocations apocalyptiques de la victoire et de la vengeance, se référant toujours explicitement aux victoires militaires de David (Psaume 110 si souvent cité par Paul) et aux massacres du Deutéronome contre les peuples n'acceptant pas Yahvé, rendent difficile une interprétation purement métaphorique.

Avec Paul Jésus est devenu le Christ, le Messie. Il a la puissance des anciens envoyés de Dieu comme David. Sa vie, lors de sa première venue, son humble et pauvre vie, sa vie propre, est effacée. Ce qui revient c'est Yahvé, le Dieu grand et terrible avec sa puissance, et ses vengeances.

Le Christ de Paul n'est pas Jésus.

La première venue, celle de la vie historique de Jésus, a été trop humble et misérable, et s'est si mal terminée que Paul n'en évoque pas les péripéties : il annonce au contraire une deuxième venue, *cette fois dans la puissance et la gloire*, auprès de laquelle la première n'a guère d'importance car elle ne correspond pas à l'image d'un Messie qui peut souffrir mais qui, finalement, triomphe.

N'y a-t-il pas contradiction, pour ceux qui croient que Jésus, par sa vie et sa parole, nous a rendu visible le Dieu invisible, et qui croient aussi qu'avoir foi en Jésus c'est jouer sa vie sur les valeurs dont sa vie et sa parole ont porté témoignage, de considérer comme fidèle au message une œuvre, celle de Paul, dont cette vie et ces paroles sont totalement absentes.

Ainsi la pauvre vie et la piteuse mort de Jésus ne sont qu'une parenthèse (si peu importante que Paul ne l'évoque pas dans « son Évangile ») en attendant le chapitre final : celui du triomphe et de la domination sur tous les rois et les peuples de la terre. « Car il faut qu'il règne jusqu'à ce qu'il ait mis tous ses ennemis sous ses pieds » (I Co 15, 25 citant le Psaume 8, 7).

Jésus devenu le Christ, le Messie, est désormais le Seigneur, nom que jusque-là l'esclave donnait à son maître, ou par lequel on désignait l'empereur romain, ou, dans la tradition juive, Yahvé.

Il reviendra (I Th 5, 23) « descendant du ciel au son de la trompette de Dieu » (I Th 4, 16), « avec les anges de sa puissance » (II Th 1, 7).

Cette prise du pouvoir est triomphale, « bien au-dessus de toute autorité, pouvoir, puissance, souveraineté... (Dieu) a tout mis sous ses pieds (Ps 8, 7) et il l'a donné, au sommet de tout, pour tête à son Église qui est son corps » (Ep 1, 21-23).

Seigneur, il est identifié à Dieu lui-même : « Il est l'image du Dieu invisible. Premier-né de toute créature car en lui tout a été créé... Trônes et Souverainetés, Autorités et Pouvoirs. Tout est créé par lui et pour lui[10] » (Col 1, 15-16).

Son Évangile n'est donc pas l'Évangile de Jésus mais « l'Évangile de Dieu » (Rm 1, 1) : « Nous sommes venus vous annoncer l'Évangile de Dieu » (I Th 2, 2 et 8). La « bonne nouvelle » n'est pas celle qu'annonçait la *vie* de Jésus, mais seulement sa

10. La TOB, note p, p. 602 : « L'origine du passage est discutée... adaptations d'un hymne hellénistique et d'inspiration stoïcienne ou déjà gnostique... ou composition chrétienne d'inspiration sapientiale » (Sagesse 7, 26 ; Proverbes 8, 22-26).

résurrection par laquelle l'Évangile du Christ s'identifie à celle de Dieu.

La « bonne nouvelle » c'est que « Jésus est le Messie » (Ac 5, 42).

Les Actes des Apôtres confirment que *Paul « parle de Jésus à partir de la loi et des prophètes »* (28, 24).

Il veut montrer que Jésus est le Christ (*Christos*, traduction grecque, dans la Septante, du mot hébreu messie).

Christ n'est pas un nom propre, mais celui d'une fonction, d'un rôle historique, celui de messie.

Dès son entrée à Damas « il confondait les Juifs de Damas, en prouvant que Jésus était bien le Messie » (Ac 9, 22).

A Ephèse « il avait raison des Juifs quand il prouvait par les Écritures que le Messie était Jésus » (Ac 18, 28).

A Thessalonique, « à partir des Écritures il expliquait et établissait que le Messie devait souffrir, ressusciter des morts et, disait-il, le Messie, c'est ce Jésus que je vous annonce » (Ac 17, 2-3).

Le nom même de « chrétiens », c'est-à-dire de ceux qui croient au Messie *(Christos)* n'apparaît que plusieurs années après la mort de Jésus. Jusque-là on appelait les partisans de Jésus : « les disciples ». Chrétiens, n'est donc plus directement lié à la « voie » ouverte par la *vie* de Jésus, mais par la *fonction* de messie (Christ), au sens où l'entendait Paul selon la tradition juive, *davidique*.

Les Actes des Apôtres (11, 25-26) disent en effet : « A Antioche, pour la première fois, le nom de *chrétiens* fut donné aux disciples. » Ils nous apprennent que la communauté d'Antioche fut créée après le martyre d'Étienne (Ac 19, 20) qui eut lieu en 37-38.

Les Actes rapportent aussi que « Barnabé partit à Tarse pour y chercher Saül, il l'y trouva et l'amena à Antioche. Ils passèrent une année entière à travailler ensemble dans cette église et à y instruire une foule considérable » (11, 25-26).

Ce séjour de Paul à Antioche avec Barnabé se situe vers 43.

C'est à cette occasion que les Actes ajoutent : « le nom de *chrétiens* fut donné aux disciples ».

Il en est de même du mot *Église* qui apparut alors pour la première fois (I Co 14, 12) alors que l'on parlait jusque-là de « communauté » (Ac 5, 11).

Cette *Église* est, pour Paul, l'équivalent du « reste » des fidèles que Dieu épargne avec Noé (Gn 7, 23). Ce reste « qui sortira de la souche de Jessé » (Es 11, 1-9) avec David.

Ce « reste » est épargné par Dieu à chaque étape de l'histoire du salut, pour bénéficier de « l'élection ». C'est l'Église qui prend la succession du « peuple élu » (Rm 11, 5).

Un recoupement s'impose : après les troubles que crée le passage de Paul à Thessalonique et à Bérée (Ac 17, 5-8 et 13) les autorités impériales romaines considèrent que l'annonce de ce « messie » (qui s'identifie pour elles avec la proclamation d'un « roi d'Israël » comme au temps de la Crucifixion), trouble l'ordre public. Elles passent à la répression : l'historien romain Suétone évoque à sa manière ces incidents : « Les Juifs, à l'instigation d'un certain Chrestos, créent des troubles. » L'empereur Claude expulse les Juifs de Rome (Ac 18, 2) en l'an 50.

Paul s'efforce de convaincre le roi juif Agrippa (fils d'Hérode Agrippa) et le gouverneur romain Félix, qu'il n'est ni le chef d'un mouvement politique séditieux ni le prédicateur d'une religion nouvelle (Ac 26, 28). (La religion juive jouissait alors dans l'Empire d'un statut légal.)

Paul considérera toute sa vie qu'il est resté fidèle au Dieu de ses pères, celui de la Thora : Yahvé.

Les prophètes ont annoncé qu'un « reste serait sauvé ». De même, dans le temps présent, il y a un « reste qui sera sauvé » (Rm 11, 5). Ce « reste » est constitué par ceux qui ont accepté son interprétation de l'Ancien Testament, les « judéo-chrétiens », mais aussi les Grecs qui s'y sont ralliés ; « gloire à quiconque fait le bien, au Juif d'abord puis au Grec » (2, 10) d'autant plus que la majorité des Juifs refusent sa réfome. A Antioche de Pisidie Paul a prêché dans la synagogue pour montrer que la Résurrection est l'« accomplissement de la Promesse faite aux Pères, leur accordant même le Salut que la Loi de Moïse n'a pu leur apporter » (Ac 13, 39). Lorsqu'il est conspué par la foule des Juifs, l'apôtre répond : « C'est à vous d'abord que devait être adressée la parole de Dieu ! Puisque vous la repoussez… alors nous nous tournerons vers les païens, car tel est bien l'ordre du Seigneur » (13, 46-47).

Il cite Ésaïe (42, 6) où Dieu dit au peuple juif : « Je t'ai établi lumière des nations pour que tu apportes le salut aux extrémités de la terre. »

Paul, par une mission personnelle qui lui a été assignée par Jésus lors de son apparition dans le Temple, doit apporter cette lumière aux païens : « Il me dit : Va, c'est au loin vers les nations païennes que je vais, moi, t'envoyer » (Ac 22, 21).

Paul, dans une assemblée avec les disciples, que l'on appelle parfois « le concile de Jérusalem » arrive à un compromis avec ceux (Jacques notamment, mais aussi Pierre) qui hésitaient sur la question de savoir si la prédication aux païens était légitime. Matthieu reflète, en un verset, l'opinion des courants limitant la mission de Jésus en lui faisant dire : « Ma mission se borne aux brebis perdues d'Israël » (Mat 15, 24).

Paul défend sa position : le salut dépendait, dans l'ancienne Alliance, de l'obéissance à la Loi, il dépend désormais non de la Loi, mais de la foi en Jésus-Christ. Les « païens » peuvent donc être « sauvés » sans passer par la Loi ni la circoncision : « La Loi a été notre gardienne en attendant le Christ afin que nous soyons justifiés par la foi » (Ga 3, 25).

Paul s'est alors « opposé ouvertement à Pierre » (Ga 2, 11), lui demandant : « Comment peux-tu contraindre les païens à se comporter en Juifs ? » (Ga 2, 14).

Les plus sectaires soutiennent pourtant « qu'il fallait circoncire les païens et leur prescrire d'observer les lois de Moïse » (Ac 15, 5).

Jacques propose un compromis : « Je suis d'avis de ne pas accumuler les obstacles devant ceux des païens qui se tournent vers Dieu » (15, 19).

Le compromis de Jérusalem n'est pas seulement doctrinal, il comporte aussi un partage des terres de mission : « L'évangélisation des incirconcis m'avait été confiée, comme à Pierre celle des circoncis » (Ga 2, 7).

Il fut donc décidé de ne pas imposer la circoncision à ceux qui n'étaient pas Juifs, et de leur prescrire seulement quelques-unes des exigences de la Loi. Le point de vue de Paul avait presque entièrement triomphé : entièrement sur la circoncision qui reste réservée aux chrétiens d'origine juive ; et partiellement en ce qui concerne la Loi, car Paul, enseignant que seule la foi en Jésus assure le salut, la Loi n'est plus la voie du salut : « La Loi a été notre surveillant en attendant le Christ afin que nous soyons justifiés par la foi. Mais après la venue de la foi nous ne sommes plus soumis à ce surveillant. Car tous vous êtes, par la foi, fils de Dieu en Jésus-Christ... Il n'y a plus ni Juif ni Grec ; il n'y a plus ni esclave ni homme libre, il n'y a plus l'homme et la femme » (Ac 4, 23-28 ; Rm 10, 12 ; Ga 3, 28 ; Col 3, 11).

Cet universalisme comporte en fait, chez Paul, de sérieuses limites. Comme nous le verrons, ce propos ne signifie pour lui, ni l'abolition de l'esclavage, ni l'égalité de la femme et de l'homme (mais au contraire la soumission de la femme) ni la parité entre Juifs et Grecs car les premiers gardent le privilège de la promesse et le salut n'est apporté aux autres que par leur médiation, par le ralliement à Israël réformé, atténuant son formalisme et intériorisant son message.

Pour lui l'humanité entière est composée de ceux qui sont Juifs (puis chrétiens) et de ceux qui ne le sont pas : les « païens ». Selon lui l'humanité entière se divise en Juifs et en Grecs, circoncis et incirconcis.

De ce judéocentrisme de Paul découle, nous l'avons vu, la priorité conférée aux Juifs, non seulement dans sa prédication : « C'est d'abord à vous que devait être adressée la parole de Dieu... » (Ac 13, 36), mais même dans l'économie du salut : « Je n'ai pas honte de l'Évangile : il est puissance de Dieu pour le salut de quiconque croit : du Juif d'abord, puis du Grec » (Rm 1, 16).

De même l'histoire de l'humanité entière est pour lui l'histoire juive telle qu'elle est racontée dans l'Ancien Testament. Selon Paul elle se divise en trois âges :

1. « D'Adam à Moïse » (Rm 5, 14), c'est-à-dire jusqu'à la Loi » (5, 13).

2. De Moïse à Jésus, c'est-à-dire de la Loi à la foi. « La Loi a été notre surveillant en attendant le Christ » (Ga 3, 2).

3. De la résurrection de Jésus à la fin des temps et à la résurrection des morts, si proche que Paul lui-même espère y assister (I Co 15, 52 ; I Th 4, 17).

Cet ethnocentrisme a marqué jusqu'à nos jours (en dehors de la courte parenthèse du concile de Vatican II), le christianisme comme l'Occident. Le père Leonardo Boff, pensant au « tiers monde », écrit, à propos des « titres » donnés à Jésus : « Pour celui qui n'est pas Juif, comme nous, que signifie réellement Messie, Fils de David, lion de la tribu de Juda[11] ? »

La grande force de Paul fut de greffer la culture grecque sur la conception juive de l'histoire.

C'est en effet dans ce secteur que les missions de Paul remportent les plus grands succès.

Pour présenter son message, il s'efforce de le rattacher aux modes de pensée et de croyance de ses auditeurs. Son discours à Athènes est exemplaire. D'abord il ne parle pas de la vie de Jésus, ni même de sa mort, mais seulement à la fin de son discours, interrompu par les moqueries de l'assistance, de sa résurrection. Tout le reste de son exposé fait exclusivement référence à la tradition grecque.

Avec humour et pour capter leur bienveillance, il déclare qu'il les considère comme des hommes presque « trop religieux » (17, 22) ; il a, dit-il, remarqué dans Athènes une stèle dédiée « au dieu inconnu » (en réalité il n'en existe pas de telles mais seulement « aux dieux inconnus » pour le cas où l'on en aurait oublié quelques-uns, ce qui priverait le peuple de leurs menus services).

Faisant une audacieuse assimilation il leur dit : « Ce que vous vénérez ainsi sans le connaître, c'est ce que je viens, moi, vous annoncer : le Dieu qui a créé l'univers... et qui est le Seigneur du ciel et de la terre » (17, 23-24).

Aussitôt il multiplie les allusions, les références, les citations même des maîtres de la culture gréco-romaine.

Ce Dieu, dit-il, « n'a pas besoin du service de mains humaines » (17, 25). Ceci pour exclure la fabrication des idoles. Ce qui était une thèse défendue à cette époque par Sénèque.

Il poursuit avec une citation du poète Épiménide (VIe siècle avant notre ère) : « en lui nous avons la vie, le mouvement et l'être, comme l'ont dit certains de vos poètes » (17, 28). (Comme l'avait dit aussi Platon par sa triade de la vie, du mouvement et de l'être.)

Il enchaîne sur un thème des stoïciens sur l'unité du genre humain : « Nous sommes de sa race » (17, 28), citation tirée des

11. Léonardo Boff, *Jésus-Christ libérateur*, Éd. du Cerf, 1974, p. 227.

Phénomènes d'Aratos (philosophe du IIIe siècle avant Jésus-Christ proche du stoïcien Cléanthe).

Ainsi la première tentative d'hellénisation chrétienne du message d'Israël rendait inévitable l'élaboration d'une théologie gréco-romaine. Après la destruction de Jérusalem et la dispersion des Juifs, l'orientation donnée par Paul s'avérera la plus efficace et cette hellénisation du christianisme, avec saint Justin le martyr, puis avec Clément d'Alexandrie dominera pendant des siècles la théologie chrétienne.

L'intégration du christianisme dans la perspective juive, en s'étendant à la diaspora juive, va conduire à intégrer la philosophie grecque.

L'enseignement de Paul ne rompt pas avec la religion juive. A son peuple privilégié il proclame un attachement tel qu'il préférerait être séparé de Jésus plutôt que de lui : « Oui, je souhaiterais être anathème, être moi-même séparé du Christ, pour mes frères, ceux de ma race selon la chair, les Israélites à qui appartiennent l'adoption, la gloire, les alliances, la loi, le culte, les promesses et les pères, eux enfin de qui, selon la chair, est issu le Christ qui est au-dessus de tout, Dieu béni éternellement » (Rm 9, 3-5).

Il répétera, selon les Actes : « Je sers le Dieu de mes pères » (24, 14). « Si je suis traduit en justice, c'est pour l'espérance en la promesse que Dieu a faite à nos pères, et que nos douze tribus, en assurant le culte de Dieu, nuit et jour, sans relâche, espèrent voir aboutir » (26, 6-7).

Il est vrai que la vie de Jésus et surtout sa mort au gibet (ignominieuse selon la tradition juive : Deutéronome 21, 23 : « Maudit soit quiconque est pendu au gibet ») semble détruire cette espérance. Mais, selon Paul, la Résurrection, manifestation de la puissance de Dieu, garantit que la promesse sera accomplie lors d'une « deuxième venue du Christ », cette fois « avec puissance » (II Th 1, 7).

« L'orgueil sera notre couronne en présence de notre Seigneur Jésus, lors de sa venue » (I Th 2, 19 ; 3, 13 ; 5, 23 ; II Th 2, 1 et 8 et I Co 15, 23).

Avec l'annonce de la deuxième venue « avec puissance » (« Le Seigneur Jésus viendra du ciel avec les anges de sa puissance » II Th 1, 7), tout se passe comme si la première venue de Jésus perdait le sens et l'importance qu'elle paraissait avoir en elle-même. La « parousie », qui, en grec, signifie « présence », désigne chez Paul une venue *future*, effaçant l'apparente faillite de la première et la remplaçant par une seconde venue, cette fois en grande pompe, avec puissance et gloire.

Ce qu'il évoque à propos de Jésus, ce n'est donc pas sa vie, mais les grandes figures de la tradition juive :

— *le prophète* promis par Moïse : « C'est un prophète comme moi que le Seigneur ton Dieu te suscitera au milieu de toi » (Dt 18, 15) ;

— *le serviteur souffrant*, d'Ésaïe (53, 7-12) : « Dieu avait d'avance annoncé, par la bouche de tous les prophètes, que son Messie souffrirait » (Ac 3, 18) ;

— *le nouveau David* (qui fut « un homme selon le cœur de Dieu » I S 13, 14). « Dieu lui donnera le trône de David, son père » (Lc 1, 32) ;

— *sa résurrection* a été prophétisée par David (Ps 15, 10) ;

— *le sacrifice* expiatoire et rédempteur (Ez 44, 27).

L'auteur de l'épître aux Hébreux qui résume le message « à la manière de Paul », l'énonce avec clarté : « Le Christ fut offert une seule fois pour enlever les péchés de la multitude, et il apparaîtra une deuxième fois... à ceux qui l'attendent pour le salut » (9, 28).

En quoi donc consiste ce salut et comment s'y préparer ?

Dans la réponse à cette question réside l'originalité profonde de la théologie de Paul fondée sur l'identité entre Jésus et le Messie (Christ). Le problème se pose à Paul de manière concrète après la « crise galate » où s'étaient opposés chrétiens d'origine juive et chrétiens d'origine grecque.

Pour les chrétiens d'origine juive, même ralliés à la variante paulinienne du judaïsme selon laquelle Jésus était le Messie (le Christ), le salut, qui ne peut venir de l'homme mais de Dieu seul, se définit par une relation particulière de l'homme avec Dieu : l'homme ne peut être « juste », justifié devant Dieu, en attendant son jugement, que par l'observance de la Loi dictée par Dieu à Moïse. Obéir à la Loi c'est d'abord en observer les strictes pratiques rituelles en matière de culte ou d'interdits. A partir des prophètes et de leur intériorisation de la Loi, la Loi comporte des exigences morales qui englobaient en fait toute l'action de l'homme.

Le symbole de cette soumission à la Loi était la circoncision. Les chrétiens d'origine juive, chez les Galates, avaient donc tendance à exiger, en signe de l'acceptation par les Grecs de l'Alliance et de la Loi, cette circoncision.

Paul voit en cette attitude une régression et un « détournement » (Ga 1, 6) par rapport à son Évangile. Il invoque l'accord ancien réalisé après son opposition à Pierre qui continuait, à Antioche, à pratiquer strictement la loi juive. « Je me suis opposé à lui ouvertement », dit Paul (Ga 2, 11), pour les concessions qu'il faisait aux circoncis en respectant toutes leurs coutumes. Paul ne rejette pas la Loi mais la relativise : « La Loi a été notre surveillant en attendant le Christ, mais après la venue de la foi nous ne sommes plus soumis à ce surveillant » (Ga 4, 25). La Loi n'était que la première étape préparatoire de l'histoire du salut.

Elle permettait de vivre autrement que par « la chair ».

Vivre « selon la chair », dans la tradition biblique, c'est vivre avec la prétention de se suffire à soi-même, sans relation avec Dieu. La Loi, c'était la possibilité d'échapper à cette « suffisance » qui est le péché primordial.

Mais cette libération du péché, dit Paul, ce n'est pas la Loi qui nous l'a apportée, c'est le Christ par le sacrifice rédempteur de sa mort.

Cette liberté nouvelle, faisant de nous des « Fils de Dieu », est un don que Dieu nous a fait.

« Ce ne sont pas ceux qui écoutent la Loi qui sont justifiés devant Dieu ; ceux-là sont justifiés devant Dieu qui la mettent en pratique. Quand des païens, sans avoir de loi, font naturellement ce qu'ordonne la Loi... ils montrent que l'œuvre voulue par la Loi est inscrite dans leur cœur... c'est ce qui paraîtra au jour où, selon mon Évangile, Dieu jugera par Jésus-Christ le comportement caché des hommes » (Rm 2, 13-16).

Pas plus que l'observance de la loi, chez les Juifs, la « sagesse » des Grecs ne permet de « gagner » le salut, car son péché aussi est de prétendre se suffire à soi-même, être sa propre loi. Pas plus que la loi des Juifs, la sagesse des Grecs ne permet de s'élever soi-même à la participation à la vie de Dieu qu'est le salut. Se référant à Esdras (29, 14), et appliquant sa condamnation à l'orgueilleuse philosophie des Grecs, Paul s'écrie « Dieu n'a-t-il pas rendue folie la sagesse du monde ? » (I Co 1, 20).

La « sagesse du monde » qu'il appelle folle, est une sagesse « suffisante », oublieuse de Dieu.

Seule la foi, et non la sagesse ni la loi, peut nous justifier devant Dieu en attendant son jugement.

Paul choisit pour illustrer sa thèse maîtresse de la « justification par la foi », l'exemple d'Abraham qui n'était ni Grec ni Juif. Il ne peut être jugé selon la loi puisque à l'époque de cet « Araméen errant » (Dt 26, 5), la loi de Moïse n'avait pas encore été révélée. Il ne peut pas non plus être jugé au nom d'une « sagesse », car Abraham n'est pas moralement irréprochable : « Au moment d'atteindre l'Égypte il dit à sa femme Sara : tu es une femme belle à voir. Quand les Égyptiens te verront et diront : c'est sa femme, ils me tueront... Dis, je te prie, que tu es ma sœur pour que l'on me traite bien à cause de toi » (Gn 12, 12-13). C'est ainsi que Sara fut enlevée, que le Pharaon se l'attribua pour femme (Gn 12, 19) et qu'Abraham fut comblé de cadeaux. Mais le Seigneur infligea de grands maux au Pharaon qui rendit Sara à Abraham (19-20). Abraham récidive à Guérar, permettant ainsi au roi Abimélech de l'enlever (20, 2). Il la rendit lorsque Dieu lui-même lui eut appris en songe la supercherie avant qu'il ne s'approche d'elle (20, 4-7).

Après avoir eu de sa servante égyptienne, Hagar, un fils, Ismaël, Abraham cède à la jalousie de Sara et chasse Hagar enceinte dans le désert où elle affronte, avec son enfant, la mort : elle n'est sauvée que par le Seigneur « qui a perçu sa détresse » (Gn 16, 1-15).

Pourtant Abraham sera « justifié » par sa foi, par sa soumission inconditionnelle à la volonté de Dieu : lorsqu'il a enfin un fils de Sara pourtant très âgée, Dieu lui commande de le sacrifier, et Abraham obéit. Ayant éprouvé sa foi Dieu épargnera son fils (Gn 22, 1-19). « La foi d'Abraham, dit Paul, lui fut comptée comme justice » (Rm 4, 9).

Il y a là une situation-limite dont la lecture littérale serait terrifiante. Dans la première controverse sur la légitimité du colonialisme, après la conquête de l'Amérique par les Espagnols, en 1550, Mgr Bartolomé de Las Casas, « protecteur des Indiens », a dégagé le sens du mystère absolu : le sacrifice d'Abraham.

Au théoricien du colonialisme, Sépulveda, invoquant comme argument suprême, pour justifier le génocide des Indiens, leurs sacrifices humains, Las Casas rappelle le sacrifice d'Abraham et celui de Jephté (Livre des Juges 11, 29-40) faisant le vœu d'immoler sa fille à Dieu s'il lui donnait la victoire. Dieu, semble-t-il, agrée ce vœu en lui donnant la victoire, et la fille de Jephté fut sacrifiée.

L'épître aux Hébreux (11, 32) place Jephté parmi les héros de la foi qui, grâce à elle, « conquirent des royaumes ».

Las Casas répond alors à Sépulveda : « Est-ce très différent lorsque les infidèles offrent à Dieu — à ce qu'ils tiennent pour Dieu — des sacrifices humains, croyant que c'est un devoir que Dieu agréera ? » (Controverse de Valladolid. Réponse à la 11e question.)

Mais, passant de la lecture littérale à celle de la foi, Las Casas voit dans le sacrifice d'Abraham la parabole du mystère suprême au-delà de nos petites morales et de nos petites logiques, au-delà de nos sagesses et de nos lois. « A Dieu tout est dû », écrit-il.

Ce dépassement est *transcendance*, le contraire de toutes les « suffisances » de la sagesse ou de la loi.

Chez Paul cette transcendance ne se définit pas à partir de l'homme renonçant à sa « suffisance », mais à partir du Dieu traditionnel et de sa puissance : *« C'est Dieu qui fait en vous et le vouloir et le faire »* (Ph 2, 13).

Cette formule souligne à la fois l'intériorisation de la volonté de Dieu en l'homme par rapport à une obéissance passive et, en même temps, la gratuité de la grâce. Ce que confirme Ep 2, 8. « C'est par la grâce que vous êtes sauvés... Vous n'y êtes pour rien, c'est le don de Dieu. » La justification... (cf. Rm 9, 16) : « cela ne dépend pas de la volonté ni des efforts de l'homme, mais de la miséricorde de Dieu ». Paul se réfère à Moïse (Ex 33, 19).

La justification n'est pas un bien à conquérir ou à mériter, mais une grâce à accueillir « car la fin de la loi, c'est Christ pour que soit donnée la justice à tout homme qui croit » (Rm 10, 4). Elle est « puissance de Dieu pour quiconque croit, du Juif d'abord, puis du Grec » (1, 16).

Jésus est le nouvel Adam, celui qui en rachète le péché et

permet à l'homme un nouveau commencement : « Comme par la faute d'un seul ce fut pour tous les hommes la condamnation, ainsi par l'œuvre de justice d'un seul, c'est pour tous les hommes la justification qui donne la vie » (Rm 5, 18). Désormais l'homme ne vit plus « selon la chair » (c'est-à-dire séparé de Dieu) ; Jésus a rétabli la relation de Dieu à l'homme : déjà la loi de Moïse établissait ce lien : « Enlevons-nous par la foi toute valeur à la loi ? Bien au contraire *nous confirmons la loi* » (Rm 3, 31), mais non plus « sous le régime périmé de la lettre », mais « sous le règne nouveau de l'esprit » (Rm 7, 6). La fin de la loi, c'est le Christ pour la justification de tout croyant.

Paul tient ainsi à souligner que la « justification par la foi » est conforme à l'enseignement de l'Ancien Testament. En Rm 1, 17, il cite Habacuq (2, 4) : « le juste vivra par la foi ». Il ajoute, se référant aux Psaumes de David (143, 2) : « Personne ne sera justifié devant lui par les œuvres de la loi ; la loi en effet ne donne que la connaissance du péché » (Rm 3, 24).

Ainsi se trouvent séparées une histoire sainte faite des décisions de Dieu, et une histoire profane : celle des hommes se préparant seulement au salut eschatologique par la pureté de leur vie personnelle et par leur obéissance à l'ordre voulu par Dieu dans la cité terrestre. Dans cette conception des deux cités : la cité de Dieu et la cité terrestre, la seconde est subordonnée à la première, et la première représentée sur terre par l'Église (Ep 1, 22). Ce que l'on appelle « l'augustinisme politique » a sa source théologique chez Paul.

Ce qui caractérise ce que l'on devrait plus justement appeler le « paulinisme politique », c'est le comportement social découlant de sa théologie, avec un Dieu supérieur et extérieur décidant du dehors et d'« en haut » des pouvoirs et de leurs titulaires, et un homme acceptant cette légitimation divine des pouvoirs établis et s'y soumettant.

Cette volonté de maintenir l'ordre social tel qu'il est ne découle pas de l'imminence de l'irruption du Royaume mais du fait que ce Royaume sera octroyé par un Dieu tout-puissant.

Le « théisme » du Dieu tout-puissant, chez Paul comme dans l'Ancien Testament, comme en Mésopotamie et en Égypte, comme chez les Grecs et les Romains, implique invariablement la sacralisation de l'ordre du monde créé et gouverné par Dieu.

Paul s'inscrit dans cette tradition. Dans l'épître aux Romains, la plus complète expression de sa théologie, le principe fondamental est hautement proclamé : « Que tout homme soit soumis aux autorités qui exercent le pouvoir, car il n'y a d'autorités que par Dieu, et celles qui existent sont établies par Lui. Ainsi celui qui s'oppose à l'autorité se rebelle contre l'ordre voulu par Dieu » (Rm 13, 1-2).

Tel est, sans la moindre équivoque, le fondement de toute théologie de la domination. De cette sacralisation de l'autorité découle une pratique de résignation et de soumission. « Que chacun vive selon la condition que le Seigneur lui a donnée en partage. C'est ce que je prescris dans toutes les Églises » (I Co 7, 6).

Mieux encore : il faut prier pour toutes les autorités établies. « Je recommande avant tout que l'on fasse des prières, des actions de grâce pour tous les hommes, pour les rois et tous ceux qui détiennent l'autorité » (I Tm 2, 1-2). (La TOB fait remarquer à propos de ce verset : « On se souviendra qu'à l'époque où l'apôtre demandait de prier pour tous ceux qui détenaient l'autorité, l'empereur de Rome s'appelait Néron. »)

Paul reste ainsi fidèle à la tradition juive : il convient de prier pour tous les rois. Esdras recommande « qu'ils prient pour la vie du roi et de ses fils » (6, 10).

Il doit en être ainsi même d'un roi mauvais, persécuteur. Dans I Macchabées 7, 33, un holocauste est offert au roi Démétrius qui avait envoyé une armée pour écraser les juifs. Dans Baruch (1, 11) « priez pour la vie de Nabuchodonozor » (le roi de Babylone).

Cette sacralisation de la « hiérarchie » (étymologiquement le mot associe l'idée de pouvoir à l'idée de sacré) s'applique à tous les niveaux de la vie sociale, qu'il s'agisse des autorités de l'État, de la situation des esclaves ou de celle des femmes.

« Que chacun demeure dans la condition où il se trouvait quand il a été appelé. Étais-tu esclave quand tu as été appelé ? Ne t'en soucie pas ; au contraire alors même que tu pourrais te libérer, mets plutôt à profit ta condition d'esclave. Car l'esclave qui a été appelé dans le Seigneur est un affranchi du Seigneur » (I Co 7, 20-22).

« Esclaves, obéissez à vos maîtres d'ici-bas avec crainte et tremblement, d'un cœur simple, comme au Christ » (Ep 6, 5).

« Que les esclaves soient soumis à leurs maîtres en toutes choses (...). Ainsi feront-ils honneur en tout à la doctrine de Dieu notre Seigneur » (Tite 2, 9).

En ce qui concerne les femmes, la même soumission est exigée et de manière plus répétitive encore : « Ce n'est pas l'homme qui a été tiré de la femme, mais la femme de l'homme. Et l'homme n'a pas été créé pour la femme, mais la femme pour l'homme (I Co 11, 8-9).

De cette inégalité théologique découle une pratique : « Femmes soyez soumises à vos maris » (Ep 5, 22 ; Col 3, 18).

« Je ne permets pas à la femme d'enseigner ni de dominer l'homme. Qu'elle se tienne donc en silence » (I Tim 2, 12), « en toute soumission » (2, 11). « Que les femmes se taisent dans les assemblées » (I Co 14, 34 ; I Tm 2, 12). « Si la femme ne porte pas le voile, qu'elle soit tondue » (I Co 11, 6).

Le dualisme de cette théologie de la domination, sur tous les plans, de l'État et des sujets, du maître et de l'esclave, de l'homme et de la femme, découle d'un dualisme fondamental : celui de l'âme et du corps, de Dieu et de l'homme.

« Qui me délivrera de ce corps qui me voue à la mort ? » s'écrie Paul (Rm 7, 24), car « demeurer dans ce corps, c'est vivre en exil loin du Seigneur » (...). Nous préférons quitter ce corps pour aller demeurer auprès du Seigneur » (II Co 5, 6-8).

Le corps est exclu du Royaume. « La chair et le sang ne peuvent hériter du Royaume de Dieu » (I Co 15, 50).

La déchirure n'est pas moindre, en dépit de « l'incarnation » de Jésus, du « vrai homme et du vrai Dieu », entre l'homme et Dieu. Dieu agit en l'homme par sa grâce de façon si gratuite que l'initiative et la responsabilité de l'homme n'ont plus guère de place : « C'est Dieu qui fait en vous le vouloir et le faire » (Ph 2, 13). C'est par la grâce que vous êtes sauvés (...). Vous n'y êtes pour rien, c'est le don de Dieu » (Ep 2, 10).

De ce dualisme, qui restaure une transcendance abrupte de Dieu, naîtra, dans toute l'histoire du christianisme, par exemple chez saint Augustin dans sa lutte contre le pélagianisme qui exaltait la responsabilité et l'effort de l'homme, jusqu'à Luther et à son *Traité du serf arbitre*, la tendance à nier la possibilité pour l'homme de mériter un salut qui ne vient que de Dieu, et à exclure la responsabilité de l'homme dans la construction de sa propre histoire. Une tendance à tout enlever à l'homme pour tout accorder à Dieu, comme s'il y avait un rapport d'extériorité, et même de rivalité, entre un Dieu législateur de décrets éternels et un homme qui ne pourrait coopérer à l'avènement du Royaume que dans l'angoisse et dans l'attente.

Comment cette théologie de Paul, fondée sur la continuité entre l'Ancien et le Nouveau Testament, sur la conception traditionnelle d'un Dieu tout puissant, sur l'occultation totale de la vie de Jésus, sur la Résurrection considérée seulement comme un miracle de la puissance de Dieu, et sur un Messie doué de la même puissance, va-t-elle servir de trame pour ordonner les récits des témoins oculaires de la vie et de la mort de Jésus ?

3. La théologie de Paul dans les Évangiles

La théologie de Paul constitue en effet la grille d'interprétation des Évangiles. Ce que Paul professait depuis quinze ans[1] : Jésus est « Christ », c'est-à-dire le Messie annoncé par les prophètes, les évangélistes, ses disciples vont l'appliquer à la vie terrestre de Jésus en en reconstituant par conséquent les épisodes à partir de références à l'Ancien Testament, dans lequel ils cherchaient, pour chaque acte et chaque parole, un précédent et une annonciation.

Leurs souvenirs personnels et leurs témoignages sur la *vie* du Jésus historique portent l'empreinte très forte de la théologie de Paul. Leurs évocations de la vie de Jésus sont construites à partir de la conception qu'avait Paul de sa mort et de sa résurrection. Entre la vie de Jésus et les récits qu'en font les évangélistes s'interpose la théologie de Paul.

Dans la perspective tracée par Paul leur préoccupation principale est d'intégrer l'histoire de Jésus dans l'histoire juive et de montrer ainsi que Jésus est le Messie promis à Israël.

Le credo formulé par Paul au début de son épître aux Romains constitue le schéma directeur des Synoptiques, récits qui tendent non à donner une biographie de Jésus mais à « édifier » leurs communautés, par une représentation imagée des divers épisodes de l'existence terrestre de Jésus considérée comme le chapitre final de l'histoire d'Israël, suite prévue et annoncée par l'Ancien Testament.

1. Depuis quinze ans pour Marc ; depuis trente ans pour Matthieu et Luc.

Les thèmes majeurs de la théologie de Paul sont ainsi illustrés.

1. Jésus est descendant de David (Rm 1, 3 ; 2 Tm 2, 8).

2. Il incarne la puissance de Dieu, attestée par ses miracles (II Co 13, 4).

3. Ses persécutions et sa mort confirment l'image du « serviteur souffrant » annoncé par les prophètes.

4. Sa résurrection est la preuve ultime de sa divinité et de sa puissance.

1. Le fils de David

Pour établir la filiation davidique, Matthieu et Luc présentent la généalogie de Jésus : Luc à partir de Dieu et d'Adam (Lc 3, 23-37) en se fondant sur le 1er Livre des Chroniques (1 et 2) ; Matthieu à partir d'Abraham. L'essentiel étant de montrer que Jésus est bien de la lignée de David, peu importe l'énumération des chaînons intermédiaires. De David à Jésus s'écoulent 42 générations chez Luc (3 séries de deux fois sept noms) et seulement 26 chez Matthieu. Il n'y a que deux noms d'ascendants communs aux deux listes : Salatiel et Eliakim.

Tout ceci pour aboutir à Joseph, le charpentier déclaré descendant de David, mais dont on ne peut dire qu'il est père de Jésus « selon la chair » comme le disait l'épître aux Romains. Il est seulement, sur le conseil de l'ange (1, 20-21), le père légal de Jésus, ce qui d'ailleurs, selon la tradition juive, lui permet de transmettre les droits dynastiques, conciliant ainsi la naissance virginale (prophétisée par Ésaïe 8, 8) avec la filiation davidique (Mt 1, 6).

Malgré leur fidélité à l'enseignement de Paul, les Évangélistes ne pouvaient procéder autrement car la filiation royale féminine était exclue par la tradition juive.

Marc évite toutes ces difficultés en n'ivoquant pas encore les titres de noblesse que Jésus eut tirés de l'armorial. C'est assez, pour lui, qu'il ait été annoncé par le prophète Ésaïe (1, 2) et par Jean le Baptiste (1, 9).

2. Jésus exerce la puissance divine

Les miracles sont le signe de cette puissance et la preuve que Jésus est bien le Messie, le Christ. Jean énonce clairement l'intention des évangélistes relatant les miracles pour confirmer la théologie de Paul : les signes ont été donnés « pour que vous croyiez que Jésus est le Christ, le Fils de Dieu » (Jn 20, 31). Afin que, toujours selon la doctrine de Paul, il y ait continuité entre l'Ancien Testament et le Nouveau, chacun de ses miracles doit avoir un précédent dans l'Ancien Testament : Par exemple Jésus guérit une « main sèche » (Mt 12, 12) comme Moïse dans l'Exode (4, 7) ; comme le prophète Élie (I R 17, 23) il ressuscite une morte (Mt 9, 25), ce qui lui vaut d'être acclamé comme « Fils de David » (Mt 8, 26). Comme Jonas il apaise la tempête (Jon 1, 15).

La plupart de ces miracles sont demandés à Jésus comme s'il était détenteur du pouvoir de David ; « Fils de David aie pitié de nous » (Mt 9, 27 ; 20, 30 ; Mc 10, 47 ; Lc 18, 38, etc.), alors que Jésus ne revendique pas une telle puissance extérieure. Il dit au contraire, après la guérison : « C'est ta foi qui t'a sauvé » (Mt 9, 22 ; 15, 28 ; Mc 5, 30-34 ; 10, 52 ; Lc 7, 50 ; 8, 45-48 ; 17, 19).

Matthieu note qu'à Nazareth « il ne fit pas beaucoup de miracles *parce qu'ils ne croyaient pas* » (13, 58). Marc dit même : « Il ne pouvait là faire aucun miracle » (7, 5).

3. Le thème du « serviteur souffrant »

Développé par Ésaïe, il forme la trame du récit des épreuves endurées par Jésus. Matthieu (12, 18) le déclare explicitement : « Afin que soit accompli ce qu'a dit le prophète Ésaïe : Voici mon serviteur que j'ai élu... » (Es 42, 1-4). Ésaïe dont l'évocation du « serviteur souffrant » (47) fournit les préfigurations concrètes du martyre de Jésus : « Ce sont nos souffrances qu'il a portées..., dans ses plaies se trouvait notre guérison... Seigneur, daigne faire de sa personne un sacrifice d'expiation... Il s'est dépouillé lui-même jusqu'à la mort... Il a porté, lui, les fautes des foules » (Es 53, 1-12).

Le lieu même de sa mort est désigné d'avance : « *Il ne convient pas* qu'un prophète périsse hors de Jérusalem » (Lc 13, 33 et Mt 23, 17). (Comme d'ailleurs avait été fixée, par référence à l'Ancien Testament le lieu de sa naissance : Bethléem, puisqu'elle était la ville natale de David : « Le Christ *doit* naître à Bethléem » (Mt 2, 5), « la ville de David » (Lc 2, 4)[2].)

4. *Enfin la Résurrection sera l'œuvre de la puissance de Yahvé*

« C'est moi qui fais mourir et qui fais vivre » (Dt 32, 39). « Ce Dieu qui donne la vie et la mort », reprend Paul dans l'épître aux Romains (4, 17). C'est pourquoi, dit Luc : « Le Fils de l'homme *doit* ressusciter le troisième jour » (9, 22). Pourquoi le troisième jour ? Matthieu nous explique la raison de ce délai : « Comme Jonas était dans le ventre du monstre marin trois jours et trois nuits » (12, 39-40).

De cette résurrection Paul apporte comme preuve le témoignage de ceux à qui Jésus est apparu.

Il pose la question : « Avec quel corps les morts reviennent-ils ? » (I Co 15, 35) et il évoque des corps « célestes », « glorieux », « spirituels » (I Co 15, 40-44).

Les Évangélistes, avec le souci pastoral de traduire en images populaires la doctrine de Paul, vont matérialiser les épisodes et les visions. D'abord le tombeau vide : « Il n'est pas ici *car* il est ressuscité. Venez voir l'endroit où il gisait » (Mt 28, 6).

Quant aux apparitions elles deviennent des phénomènes matériels : le corps de Jésus ressuscité est identique à ceux des vivants : on peut le voir, le toucher, lui saisir les pieds, le voir manger du poisson grillé (Lc 24, 42) et surtout on peut l'entendre annoncer sa prise du pouvoir : « Tout pouvoir m'a été donné au ciel et sur la terre » (Mt 28, 18), en contradiction radicale avec tout ce qu'il fut pendant sa vie. La métamorphose est si surprenante en ce Jésus devenant Christ, que la TOB dit en

2. Même Judas, dont les Actes (1, 18) disent qu'il s'est fracassé sur le sol, doit chez Matthieu répéter un scénario de l'Ancien Testament : il se pend (Mt 27, 5) comme Ahitofel après l'échec de son plan pour donner la victoire à David (II S 17, 23).

note : « Celui qui sur la montagne de la Tentation a refusé de recevoir du diable la domination sur les royaumes du monde (Mt 4, 9-10) proclame qu'il l'a reçue de Dieu. »

Selon la parole même de Paul : « *Il faut* qu'il règne jusqu'à ce qu'il ait placé tous ses ennemis sous ses pieds » (I Co 15, 25).

Matthieu annonce même (24, 27-31) à la manière triomphaliste de Paul, la seconde venue de Jésus « dans la plénitude de la puissance et de la gloire », dans le décor habituel des apocalypses juives, à grand renfort de citations de l'Ancien Testament : « il vient sur les nuées du ciel » comme dans le Deutéronome (7, 13-13) ; « les étoiles tombent du ciel » comme dans Ésaïe (13, 10 et 34, 4), « la trompette » et les « quatre vents » sonnent le rassemblement des élus, comme dans Zacharie (2, 10).

Telle est la clé de voûte de la doctrine de Paul : pour qu'il atteste devant les Juifs que « le Messie, c'est Jésus » (Ac 18, 5), il fallait que Jésus ait finalement remporté la victoire.

Il transforme donc la Croix en « char triomphal » (Col 2, 15). « La mort a été engloutie par la victoire. » (I Co 15, 55). « Dieu l'a souverainement exalté » (Ph 2, 9-12). « C'est par la puissance de Dieu qu'il vit » (II Co 13, 4).

L'exemple le plus significatif de cette reconstruction de la vie de Jésus en fonction du schéma paulinien, où chaque action et chaque parole du Christ est présentée comme une illustration d'un texte de l'Ancien Testament, est celui de l'Évangile selon Matthieu. Le père Benoît, dans l'introduction à la *Synopse* de Jérusalem, note (vol. II, p. 35) : « Le rédacteur matthéen ajoute un grand nombre de citations de l'Ancien Testament. Les plus caractéristiques sont celles qui sont introduites par la même formule stéréotypée ''afin que s'accomplît tout ce qui a été dit par Untel le prophète'', qui implique toute une théologie. »

Il est aisé d'y reconnaître la théologie de Paul, antérieure aux Synoptiques.

Les formules de référence, en dehors de la citation directe, sont invariablement : « Vous avez appris ce qui a été dit aux anciens (...). Pour que s'accomplisse ce qui a été écrit (...). Il est aussi écrit (...). » Ceci 71 fois pour les 28 paragraphes de cet Évangile.

Ce désir de faire concorder, pour renforcer la thèse de saint Paul, les événements de la vie de Jésus avec les prophéties de l'Ancien Testament, et de prouver que le message de Jésus est l'accomplissement des promesses messianiques, conduit Matthieu (et les autres évangélistes) à rendre équivoque la mission décisive de Jésus : si Dieu s'est fait pleinement homme, il est inquiétant que sa naissance, sa vie et sa mort ne soient pas celles d'un homme.

Du Dieu qui s'est fait homme, Paul refait un Dieu, un Dieu de puissance.

Nulle part, dans les Évangiles n'apparaît mieux l'emprise de Paul que dans les récits de la résurrection.

Le père Segundo, dans son *Essai de christologie* note que « les synoptiques racontent la résurrection comme si elle entrait dans le même genre littéraire que les faits vérifiables par tous. Alors qu'on n'est plus sur le même plan de réalité » (SI, 362). L'on passe en effet d'une réalité historique empirique à une vérité de la foi. Jésus dit alors ce qu'il n'avait jamais dit au cours de sa vie[3].

Luc met en effet dans la bouche de Jésus le résumé de l'enseignement de son maître. Pour convaincre les voyageurs d'Emmaüs qui viennent d'avouer leur déception : « Nous espérions qu'il était celui qui allait délivrer Israël » (Lc 24, 21) il reprend la thèse qu'il avait entendue de Paul quinze ans plus tôt : « Ne fallait-il pas que le Fils souffrît pour entrer dans la gloire ? Et, commençant par Moïse et les Prophètes, il leur explique dans toutes les Écritures ce qui le concernait » (Lc 24, 26-27).

Il redira aux Onze : « Il faut que s'accomplisse tout ce qui a été écrit de moi dans la Loi de Moïse, les Prophètes et les Psaumes » (Lc 24, 44).

S'ils se sont laissés abattre par sa mort sur le Golgotha, c'est qu'ils n'ont pas compris les Écritures qui donnent la clé d'interprétation de sa vie et de sa mort.

Et il reproduit le credo de Paul (I Co 15, 4). « Il a été ense-

3. Le théologien protestant Pannenberg souligne que le « problème historique des apparitions du Ressuscité se concentre en sa totalité dans le récit paulinien » (I Co 15, 1-11).

veli, il est ressuscité le troisième jour *selon les Écritures* ». Les Onze et leurs compagnons diront : « C'est bien vrai ! Le Seigneur est ressuscité » (Lc 24, 34).

La traduction œcuménique de la Bible met en note, à partir du verset de Mc 16, 8 : « L'authenticité de cette finale, pourtant connue dès le IIe siècle, est déjà mise en doute par les Pères de l'Église. » La Bible de Jérusalem émet des réserves semblables.

Le père Boismard, dans la *Synopse*[4], note à propos du dernier chapitre de Marc dont l'Évangile est le plus ancien des Synoptiques : « Les commentateurs sont aujourd'hui d'accord pour reconnaître que Marc 16, 9-20 ne faisait pas partie de l'Évangile primitif de Marc. »

Il importe donc d'examiner la manière dont les deux autres auteurs des Synoptiques ont traduit en images l'expérience de la résurrection, du passage de la mort à la vie que fit Paul sur le chemin de Damas (et que firent depuis lors des millions d'hommes), du changement radical de leur existence. Ce passage de la mort à la vie, du non-sens au sens, a fait des hommes nouveaux, pouvant témoigner que Jésus vit en eux comme Paul en témoigne : « Ce n'est pas moi, c'est le Christ qui vit en moi » (Ga 2, 20). « Vivre, c'est Christ » (Ph 1, 21).

Il s'agit d'une expérience existentielle et non d'un miracle intervenant au dernier chapitre d'une biographie, ce n'est pas un événement du passé empiriquement vérifiable.

Que la résurrection de Jésus ne soit pas une réalité historique de ce genre ne signifie nullement qu'elle soit une métaphore : sa *vérité* est plus grande qu'aucune de ces réalités empiriques qui ne jouent aucun rôle dans nos vies. C'est une vérité de foi, c'est-à-dire une vérité qui implique un changement de vie, à partir du « pari » de la foi, un éveil par lequel une vie sans but, sinon des buts partiels obéissant aux poussées du passé, prend un sens et suscite une décision : la prise en mains de notre propre destin et la conscience d'être responsable de celui de tous les autres.

Jésus n'est pas venu qu'une fois à la rencontre des hommes comme il s'approcha des voyageurs d'Emmaüs (Lc 24, 15).

4. Vol. II, p. 452.

Cette rencontre, depuis deux millénaires, fit passer des millions d'hommes de la mort à la vie, du non-sens au sens. Ceux-là Jésus leur a fait partager sa vie éternelle et sa quotidienne résurrection. A la différence de Paul, qui ne veut pas parler de Jésus vivant : (« Je n'ai rien voulu savoir parmi vous sinon Jésus Christ et Jésus Christ crucifié » (I Co 3, 2), pour ceux-là la vie a été communiquée, la vie a été changée par les actions et les paroles de Jésus vivant.

Il ne s'agit pas d'un symbole mais d'une présence, d'une présence agissante. D'un appel, d'une sommation à participer à la vie divine, à une libération plénière[5].

Il est vrai que Paul, dans le témoignage de ses propres apparitions évite toute description réaliste. Il parle du *sens* beaucoup plus que des *faits*. Il dit avoir « vu » Jésus, vision qui lui confère rang d'apôtre, et en avoir reçu une mission précise : porter le message au-delà du monde juif.

Luc, qui, dans les Actes, fait de Paul une apologie zélée — parfois même trop zélée en forçant la pensée du maître —, donne de la révélation de Damas un récit qui la distingue des apparitions dont témoignent les anciens compagnons de Jésus, « Une lumière venue du ciel l'enveloppa de son éclat » (Ac 9, 3). Il entend alors une voix qui lui dit : « Je suis Jésus » (5) et lui enjoint d'aller à Damas où on lui dira ce qu'il doit faire. A la ville, « un disciple nommé Ananias » (10) l'informe de sa mission. Aussitôt Paul va proclamer dans les synagogues son message central : « Jésus est bien le Messie » (22).

Dans la version de Luc l'apparition à Paul est très différente des apparitions aux anciens compagnons de Jésus : Paul n'a pas *vu* Jésus (contrairement à I Co 9, 42), mais seulement une lumière intense. Cette solennité, cette « gloire » contrastent avec la simplicité fraternelle avec laquelle Jésus revient parmi ceux qui l'ont aimé.

5. Seul Jean dit : « Celui qui écoute ma parole et croit en celui qui m'a envoyé à la vie éternelle ; il ne vient pas en jugement mais il est passé de la mort à la vie » (5, 24). « Si quelqu'un garde ma parole il ne fera jamais l'expérience de la mort » (8, 51). Il n'y a donc pas là attente eschatologique d'une résurrection « à la fin des temps », reportée dans le futur d'une « seconde venue » comme le disaient, dans la perspective de la théologie de Paul, Matthieu (16, 28), Marc (9, 1) et Luc (9, 27).

Dans sa version triomphale de la mort et de la résurrection, Paul ne fait aucune référence au dernier cri de Jésus sur la Croix, attesté pourtant par Marc et Matthieu : « Mon Dieu, mon Dieu, pourquoi m'as-tu abandonné ? » (Mc 15, 34 et Mt 27, 46). Ce souvenir du dernier cri (reprenant celui du Psaume 22, 2) est rapporté par les témoins oculaires. Qui plus est, les deux Évangélistes, qui écrivent en grec, rappellent la forme araméenne de ce cri final de Jésus, signe que la communauté chrétienne en avait souvenir dans sa langue originale.

Ils évoquent le contexte de l'événement. Parmi les injures et les moqueries de la foule se détache ce défi : « S'il est Fils de Dieu qu'il descende de sa croix » (Mt 27, 43), « Qu'il descende maintenant de sa croix » (Mc 15, 32).

Les deux Évangélistes rapportent même un détatil très réaliste, un calembour : dans la foule on a confondu Éloï avec le prophète Élie, et quelqu'un dit : « Voilà qu'il appelle Élie ! Voyons si Élie va venir le descendre de là ! » Matthieu évoque cet épisode en des termes analogues (27, 49), si bien que la scène présente un maximum de vraisemblance historique.

Mais ce fait est inacceptable pour Paul. En effet, dit le Père Segundo (I, 168), « quelle sorte de Dieu peut être celui qui se croit abandonné par Dieu et qui meurt dans l'ignorance de sa glorieuse résurrection... est-ce qu'un Messie, envoyé par Dieu pour une mission, peut ignorer qu'il est en train de l'accomplir ? (...) Peut-il croire que Dieu l'abandonne en laissant tomber son propre projet ? » (I,168).

Il y a là une telle contradiction avec ce qui constitue le cœur même de la théologie de Paul, que son disciple le plus proche et le plus cultivé, Luc, met dans la bouche de Jésus[6] des paroles de confiance : « Père, en tes mains je remets mon Esprit » (Lc 23, 46), empruntées d'ailleurs littéralement à un autre Psaume (31, 6), et que Luc replacera encore dans la

6. Il est d'autres exemples de changement des paroles de Jésus par souci de respecter l'interprétation paulinienne. Par exemple dans l'Évangile de Marc (10, 17) lorsque le jeune homme riche demande à Jésus : « Bon maître, que dois-je faire ? » Jésus rétorque : Pourquoi m'appelles-tu bon ? Nul n'est bon que Dieu seul » (10, 18) et Luc (18, 18). Cette fois c'est Matthieu qui corrige : « Unique est celui qui est bon » (19, 17), afin que la formulation ne paraisse pas mettre en cause la divinité de Jésus.

bouche du premier martyr, saint Étienne, lors de sa lapidation (Ac 7, 59).

Un païen (le centurion) proclame : « Vraiment cet homme était Fils de Dieu » (Mc 15, 39), simplement en le voyant expirer ainsi, témoignant par sa mort et non par le miracle d'une résurrection.

Déjà Matthieu, soucieux de maintenir la continuité avec l'Ancien Testament, rapporte le propos du centurion mais non plus en fonction de la seule dignité de la mort de Jésus. Ce qui l'impressionne, selon Matthieu, c'est la mise en scène : tremblement de terre, explosion des tombeaux, etc. reprise des visions d'Ésaïe (24, 19 et suiv.) et d'Ézéchiel (38, 19 et suiv.). Dans la formulation même, Matthieu veillera à supprimer le mot « homme ». Le centurion dit : « Sûrement *celui-ci* était Fils de Dieu » (Mt 27, 54).

Plus prudent encore Luc fera dire au centurion, témoin à la fois de la mort et de son orchestration cosmique : « Sûrement cet homme était un juste » (23, 47), suggérant seulement ainsi un précédent biblique : « Si le juste est Fils de Dieu, Dieu l'assistera » (2, 18 et 3, 1 et suiv. du Livre de la Sagesse, l'une des sources d'inspiration favorite de Paul).

« Luc, dit le père Segundo, en modifiant ce passage, a inventé, pour ainsi dire, des dernières paroles plus accordées au messianisme de Jésus » (I, 340-341, note).

« Les évangélistes, écrit encore le Père Segundo, ont mélangé sans trop de scrupules le prépascal et le postpascal » (I, 379) ; c'est-à-dire, semble-t-il, leurs témoignages personnels sur la vie du Maître, et l'interprétation des ces souvenirs en fonction de la théologie de Paul.

Un autre exemple de la primauté *du sens* sur le *fait* : Marc (8, 31) annonce que Jésus ressuscitera « après trois jours », alors que Luc (9, 22) et Matthieu (16, 21) corrigent : « le troisième jour il se réveillera des morts », avançant d'un jour pour se conformer au texte de Paul (I Co 15, 4) qui lui-même avait fixé la date d'après le prophète Osée (6, 2) : « Après deux jours il nous rendra la vie ; le troisième jour il nous relèvera et nous vivrons en sa présence. »

Les auteurs des Synoptiques, en un langage populaire pour leur catéchèse, présentent Jésus ressuscité comme s'il s'agissait d'un dernier chapitre de sa biographie où il reprend son corps d'antan.

Paul parlait de la résurrection en termes plus subtils, en particulier en ce qui concerne la résurrection du corps : « semé corps animal il ressuscite corps spirituel » (I Co 15, 44). Il parle d'un « corps de gloire » (Ph 5, 21).

Les Évangélistes, comme nous l'avons vu, donnent à Jésus un corps parfaitement matériel. Ses plaies mêmes permettent de l'identifier : « C'est bien moi ! »

Il y a là, avec la version de Paul, une différence fondamentale que ne peut expliquer une difficulté de traduction : il est vrai que dans l'Ancien Testament la « chair » ne peut être traduite par « le corps ». La chair, c'est tout l'homme dans la mesure où il est séparé de Dieu. Alors que dans la perspective dualiste des Grecs, et surtout de Platon, s'opposent l'âme et le corps : l'âme seule est immortelle, et, avec l'hellénisation du christianisme, il y aura souvent confusion avec l'immortalité de l'âme telle que l'a conçue Platon.

Les Évangélistes écrivent en grec, langage de la Septante qui traduit « chair » (au sens biblique) par « corps » (au sens grec), exprimant une tendance inverse : la résurrection est celle des « corps », au sens grec du mot.

Les Pères grecs, par exemple au IIe siècle Irénée de Lyon dans sa polémique contre les gnostiques qui niaient la résurrection des corps, s'engagent en cette voie en des polémiques, où, prisonniers du dualisme grec, ils défendent les textes évangéliques « avec un vocabulaire et des schèmes philosophiques qui sont ceux de leurs adversaires[7] ».

Tertullien, au IIe siècle dans son *Traité sur la résurrection des morts*, ne nous laisse aucun doute sur cette résurrection corporelle. Invoquant lui aussi l'Ancien Testament (notamment la vision d'Ézéchiel 37, 1-14 qu'il cite longuement (chapitre 69), et se référant à saint Paul), il déclare : « C'est proprement de la résurrection des corps qu'il s'agit à chaque fois que l'on parle de la résurrection des morts » (18, 12).

Ils se contentent d'invoquer, pour expliquer cette résurrec-

7. Claude Tresmontant, *La métamorphose du christianisme*, Éd. du Seuil, 1961, p. 628-629.

tion des « corps », inintelligible dans la perspective de la philosophie de Platon, la « puissance » de Dieu.

En outre les auteurs des Synoptiques, malgré leurs efforts pour traduire en termes « corporels » l'expérience indicible d'une rencontre de la foi, ne parviennent pas, à partir de leurs souvenirs, à corroborer la liste des témoins des appparitions.

Paul a fait figurer dans cette liste (I Co 15, 8) les personnages les plus prestigieux de la communauté : Pierre, Jacques, les apôtres qui sont des « colonnes de la foi » (Ga 2, 9). Alors que chacun des Évangélistes nomme des témoins différents : aucun ne parle de Jacques ; par contre, Matthieu raconte une apparition aux femmes (28, 9) et Marc (16, 9-11) cite expressément Marie de Magdala. Paul ne les mentionne pas, sans doute parce que dans la tradition juive le témoignage des femmes n'était pas valable.

Un autre caractère, plus essentiel encore, de la liste des témoins : ce sont tous des disciples. Jésus n'est apparu qu'à ceux qui croyaient en lui. Jésus ressuscité n'est pas saisi par les sens, mais par la foi.

Saint Augustin (*Traité* XIX, 14) dans son commentaire du quatrième Évangile (Jn 5, 25) promet la résurrection à ceux qui croient en Jésus. Il ne s'agit pas de résurrection finale mais du passage de la mort à la vie opéré par la foi : un changement profond de l'existence, un « éveil » au sens que Bouddha donnait à ce mot.

4. De Jésus à Paul

Il en est de la messianité de Jésus comme de sa résurrection. Il ne s'agit pas de mettre en cause l'indubitable résurrection de Jésus, mais l'interprétation vétéro-testamentaire de Paul, faisant de la résurrection un miracle de la puissance de Dieu en faveur de son messager, et une promesse, pour les hommes, d'une résurrection future *à la fin des temps*. Jésus ressuscite en la vie des disciples, réalisant un passage de la mort à la vie par l'irruption de la présence de Jésus dans leur vie.

Comme le souligne C.H. Dodd[1], le problème : Jésus est-il le Messie ? est un problème mal posé : « On peut reformuler la question en demandant non pas : Jésus déclara-t-il qu'il était le Messie ? mais : quelle sorte de Messie entend-il être ? » Est-il le Messie que ses contemporains attendaient ? Certainement pas.

Quelle messianité revendiquait Jésus ? Dans la version donnée par Marc au procès devant le Sanhédrin (14, 61-62), le grand prêtre demande : « Es-tu le Messie, le Fils du Dieu Béni ? » Jésus répond : « Je le suis. » Ce texte exprime le credo de Paul, repris par Matthieu (16, 16-17).

« La critique des textes a montré que les versets 62-64 du chapitre 26 de Matthieu et leur parallèle marcien ne se lisaient pas

1. C.H. Dodd, *Le fondement du christianisme*, trad. française, Éd. du Seuil, 1972, p. 109.

dans le document "A" »[2] c'est-à-dire celui qui était d'origine palestinienne, émanant de *judéo*-chrétiens.

Il serait en effet, pour un juif, ou un chrétien d'origine juive comme ceux de Palestine, impensable que soit assimilée la notion de Messie à celle de Fils de Dieu.

A plus forte raison est-il impossible que le grand prêtre, garant de l'orthodoxie juive, pose une telle question : dans la tradition juive le Messie est un roi qui reçoit l'appui de Dieu pour accomplir sa mission de libérateur d'Israël. C'est un homme qui n'a aucun caractère divin.

C'est seulement avec Paul que la fonction messianique est exercée par le Fils de Dieu, Dieu lui-même.

Pour un chrétien d'origine grecque, qui n'est pas issu de la tradition juive, une telle identification n'est plus blasphématoire.

Luc, homme cultivé et connaissant les deux traditions, celle des Grecs vraisemblablement par ses origines, et celle des Juifs par sa longue collaboration avec Paul, distingue les deux problèmes : l'assemblée juive, au Sanhédrin, pose seulement à Jésus la question : « Si tu es le Messie, dis-le-nous ! » (Lc 22, 67), et c'est Jésus qui, à la manière de Paul, aurait, citant le début du Psaume 100, parlé de Fils de l'homme.

Lorsqu'ils le conduisent devant Pilate, les autorités du Sanhédrin l'accusent seulement de se prétendre le Messie, au-dessus des lois romaines. Pilate ne retient que ce seul chef d'accusation qui a un caractère uniquement politique : « Pilate l'interrogea : Es-tu le roi des juifs ? Jésus lui répondit : C'est toi qui le dis » (Lc 23, 3). Pilate considère si bien ceci comme une négation qu'il refuse d'inculper Jésus : « Je ne vois rien qui mérite condamnation en cet homme » (Luc 23, 4). Alors que si Jésus avait revendiqué le titre de « roi des juifs », il l'eût immédiatement arrêté. La preuve c'est que, lorsque Pilate cède, sous la pression du peuple excité par le Sanhédrin, il inflige à Jésus la mort, et, selon l'habitude romaine, inscrit sur la croix le motif de l'exécution : « Jésus de Nazareth, roi des juifs » (Lc 23, 38).

Dans l'Évangile de Jean il n'y a même pas de procès devant

2. Synopse *(op. cit.)*, p. 407.

le Sanhédrin mais un simple interrogatoire. Jésus veut que l'on prenne à témoin ceux qui l'ont écouté : « Ils savent bien ce que j'ai dit... Si j'ai mal parlé, montre-moi en quoi » (Jn 18, 21-23). Or si ses auditeurs avaient entendu dire de sa bouche : « Je suis le Messie Fils de Dieu » et en avaient témoigné, sa condamnation allait de soi comme blasphémateur, aussi bien pour les Juifs (divinité) que pour les Romains (messianisme politique de roi des Juifs).

Jean évoque ce problème de la messianité en un tout autre lieu et auparavant, lors de la fête commémorant la dédicace du Temple : « Les Juifs firent cercle autour de lui et lui dirent : Jusqu'à quand vas-tu nous tenir en suspens ? Si tu es le Christ (le Messie) dis-le-nous ouvertement ! Jésus leur répondit : Je vous l'ai dit et vous ne le croyez pas » (Jn 10, 25). Jean rapporte qu'à ces mots « Les Juifs, à nouveau, ramassèrent des pierres pour le lapider » (10, 31). Jésus demande : « Pour laquelle de mes actions voulez-vous me lapider ? » (10, 32), et ils répondent : pas pour tes œuvres mais « pour un blasphème, parce que toi, qui es un homme, tu te fais Dieu » (10, 33). Là encore cette confusion entre le Messie et Dieu est invraisemblable de la part de juifs, qui ne lient pas messianité et divinité.

Jésus d'ailleurs corrige très clairement : « N'est-il pas écrit dans votre loi : vous êtes des dieux. Il arrive donc à la loi d'appeler dieux ceux auxquels la parole de Dieu fut réservée » (10, 34-35).

Dans les propos de Jésus, tous les hommes sont Fils de Dieu lorsqu'ils répondent à son appel : « Heureux ceux qui font œuvre de paix : ils seront appelés Fils de Dieu » (Mt 5, 9).

Paul dit déjà, dans l'épître aux Galates (3, 26) : « Vous êtes tous, par la foi, Fils de Dieu en Jésus-Christ. »

Jean seul dit de Jésus qu'il est le « Fils *unique* de Dieu » (3, 18).

Ces textes, si divers, sur la messianité de Jésus, parfois interpolés, souvent ambigus et contradictoires (tantôt : « Je le suis », tantôt : « c'est vous qui le dites »), seraient difficiles à interpréter si on les détachait de leur contexte historique.

Au contraire devient compréhensible l'interdiction faite par Jésus à ses disciples de dire qu'il est le Messie : « Et vous, qui dites-vous que je suis ? (...) Pierre lui répondit : « Tu es le Christ (le Messie). » (...) « Il commanda sévèrement aux disciples de ne dire à personne qu'il était le Christ » (Mt 16, 20).

Luc, sur le même épisode, témoigne de même : « Lui, avec sévérité, leur ordonna de ne le dire à personne » (9, 14).

Il serait puéril d'imaginer, comme on l'a fait parfois, que Jésus a voulu simplement que son « identité » soit tenue secrète jusqu'à sa résurrection comme si divulguer la messianité de Jésus eut empêché le déroulement du plan divin ! Jésus refuse d'être le Messie attendu par ses contemporains, et ne veut pas qu'il y ait confusion sur le sens de sa mission.

Contrairement à l'enseignement de Paul, Jésus n'est pas un nouveau Moïse ni un nouveau David. Le Dieu de Moïse, le Dieu « grand et terrible » (Dt 7, 21) commande les exterminations. Le Dieu de David « dont le nom est saint et terrible » (Ps 111, 9), « juge les nations : les cadavres s'entassent ; partout sur la terre il a écrasé des têtes » (Ps 110, 6).

Le Messie attendu par le peuple est celui qui accomplira les ordres de Dieu comme le firent Moïse et David. Quels furent les ordres et comment ont-ils été exécutés ?

Aussitôt après lui avoir dicté le Décalogue (Dt 5, 7-21), Dieu ordonne à Moïse d'entreprendre la « guerre sacrée » : « Tu supprimeras tous les peuples que le Seigneur ton Dieu te livrera » (7, 16), « car il est au milieu de toi le Seigneur ton Dieu, un Dieu grand et terrible » (7, 21).

La définition est donnée de l'expression « vouer à l'interdit », qui signifie « exterminer, anéantir » : « Nous avons voué à l'interdit chaque ville : hommes, femmes, enfants ; nous n'avons laissé survivre aucun reste » (Dt 2, 24). Ainsi sont « voués à l'interdit », c'est-à-dire exterminés, le Hittite, le Cananéen, le Jébusite, etc. (Dt 7, 1 et 2).

« Le Seigneur ton Dieu te livrera ces nations jusqu'à ce qu'elles soient exterminées » (Dt 7, 23). « Les villes de ces peuples, que le Seigneur te donne en héritage, sont les seules où tu ne laisseras subsister aucun être vivant » (Dt 20, 16).

Tels sont les ordres, et Moïse les exécute à la lettre. Le Seigneur dit à Moïse : Venge les fils d'Israel du mal que leur ont fait les Madianites... Moïse dit au peuple : que des hommes marchent contre Madian... Ils partirent en campagne contre Madian comme le Seigneur l'avait ordonné à Moïse, et ils tuèrent tous les hommes... Les fils d'Israël firent prisonnières les femmes de Madian et leurs enfants... ils les ramenèrent au camp... Moïse se fâcha contre les chefs désignés pour mener les troupes... « Quoi, leur dit-il, vous avez laissé la vie à toutes les femmes ! ... Eh bien, maintenant tuez tous les garçons et tuez toutes les femmes qui ont connu un homme dans l'étreinte conjugale. Mais toutes les fillettes... gardez-les en vie pour vous » (Les Nombres 31, 1 à 18)[3].

Jésus est-il le « nouveau Moïse » ? Le Dieu tribal et sanglant des exterminations sacrées est-il « le Père » invoqué par Jésus ? Le Royaume annoncé et préparé par Jésus à travers le dépouillement de soi, est-il le Royaume conquis dans le sang et les flammes par les conquêtes de la « guerre sacrée » ?

« On vous a dit et moi je vous dis... » Jésus n'a pas dicté des Lois, il a appelé à l'amour. L'amour est-il l'accomplissement du talion : œil pour œil, dent pour dent ? (Ex 21, 24 ; Lv 24, 20).

Comment effacer la rupture radicale introduite par la vie de Jésus qui témoigne contre la barbarie première et, par son message, annonce un tout autre royaume ?

Les admirables protestations des Prophètes ne peuvent combler cet abîme, ni constituer une « transition », car ils dénoncent de manière grandiose les abus, les violations et les infidélités à l'égard des commandements de Dieu mais n'en remettent pas en cause le principe. Car les exterminations sacrées ne sont ni des abus, ni des violations, ni des infidélités d'Israël à la volonté de Dieu : ils sont l'exécution stricte des ordres de ce Dieu comme puissance extérieure, « Dieu des armées ». Jésus sera-t-il le Messie d'un Dieu qui « tire vengeance » comme l'écrit Paul (I Co 4, 6 ; et II Th 1, 8) selon la tradition de Moïse (Dt 32-35) ou de David (Ps 32-35) qui, selon Paul applique le talion : « Il est juste que Dieu rende détresse pour détresse à vos oppresseurs » (II Th 1, 6).

Paul énumère les catégories de pécheurs qui « n'hériteront

3. Ce ne sont là que quelques exemples tirés de la Thora (le Pentateuque), mais des quantités d'autres massacres du même genre, ordonnés par Dieu, sont racontés dans Josué (le livre des massacres par excellence) mais aussi dans le livre des Juges, celui des Rois, dans Samuel I et II, etc.).

pas du Royaume de Dieu » (I Co 6, 9-10), alors que Jésus, dans son dépassement de la morale établie, non seulement fréquente les « pécheurs » (Mc 2, 15 ; Lc 5, 29 et 7, 34-35) mais déclare : « publicains et prostituées vous précéderont dans le Royaume de Dieu » (Mt 21, 31).

N'y a-t-il pas là une contradiction radicale ?

Jésus est-il celui à qui Dieu (Lc 1, 32) « donnera le trône de David son père » ? « un puissant souverain de la maison de David » (Lc 1, 69) ? Entrant à Jérusalem il est acclamé par le peuple : « Béni soit le Royaume qui vient, le Royaume de David, notre Père » (Mc 11, 10 invoquant le Psaume 118, 25). Matthieu (21, 10) souligne qu'on le salue comme un roi : « fils de David », de même que Luc souligne qu'on acclame le « roi », pour la puissance qu'il a montrée avec ses « miracles » (Lc 19, 37-38).

Même ses disciples lui demandent : « Seigneur, est-ce maintenant le temps où tu vas rétablir le Royaume pour Israël ? » (Ac 1, 6). Ils ont jusqu'à sa mort « espéré qu'il était celui qui allait délivrer Israël » (Lc 24, 21).

Il refuse que ses disciples emploient ce terme de « Messie » pour le désigner car il est le Messie d'un autre Royaume que celui de Moïse ou de David.

Est-ce un Royaume, supérieur en puissance à celui de David qu'évoque Jésus en sa vie ?

Est-ce de ce genre de Messie que Jésus témoigne ?

Quelle ressemblance entre le Royaume de David, et le Royaume de Dieu annoncé et préparé par Jésus ?

Et quel besoin a Jésus de cette ascendance royale pour accomplir sa mission ?

« Dans la mentalité populaire, écrit C.H. Dodd, la messianité était associée au rôle politique et militaire du "Fils de David". Jouer ce rôle était la dernière chose que Jésus désirât[4]. »

Lorsque Pierre dit à Jésus : « Tu es le Christ (le Messie) » et que Jésus lui interdit de le répéter, il montre clairement qu'il

4. C.H. Dodd, *Le fondateur du christianisme*, Éd. du Seuil, 1972, p. 108. Et voir C.H. Dodd, *Les paraboles du royaume de Dieu*, Éd. du Seuil, 1977, p. 77-78.

n'entend pas qu'on le confonde avec le Messie, fils de David, attendu par le peuple. Car le « Fils de l'homme », à l'inverse du fils de David, n'est pas un conquérant, mais un serviteur, non seulement « souffrant » (à la manière dont Ésaïe (53, 12-53) l'a évoqué avec tant de beauté qu'il restera le canevas sur lequel sera brodé, selon la théologie de Paul, la vie de Jésus), mais « rejeté ». Avec une rare violence Jésus repousse la conception du Messie (du Christ) de Pierre : « Arrière, Satan ! Car tes vues ne sont pas celles de Dieu mais des hommes » (Mc 8, 33). Puis, s'adressant à la foule il l'appelle à un tout autre Royaume : « Si quelqu'un veut suivre ma voie, qu'il renonce à lui-même » (7, 34).

En ce Royaume l'on entre non par la conquête mais par le renoncement.

L'évocation du Royaume de Dieu est le centre de la prédication première de Jésus. Elle apparaît comme le leitmotiv de son message chez les témoins de sa vie malgré la théologie paulienne qui les domine. Cette évocation du « Royaume de Dieu » qui est « au-dedans » de nous, n'est chez Paul que « résiduelle ». L'expression « Royaume de Dieu » n'apparaît chez lui que sept fois. Une fois pour évoquer ce Royaume dans les mêmes termes que l'Ancien Testament (1 Co 15, 24), quatre fois pour inviter à se bien conduire en attendant la nouvelle venue du Christ qui instaurera ce Royaume (I Th 2, 12 ; II Th 2, 2 ; Rm 14, 10 et 17), deux fois pour donner son action en exemple de préparation au Royaume (I Co 4, 20, et Col 4, 11).

Ces formules souvent stéréotypées font penser à un autre contenu, non plus celui de l'intériorité mais celui de la puissance (I Co 15, 24). Matthieu est le plus attentif à intégrer Jésus à l'économie de l'Ancien Testament, mais ses souvenirs personnels de l'enseignement de Jésus l'amèneront, en dépit de l'influence de Paul, à employer 60 fois en 80 pages cette expression, chargée d'un autre message que celui du « Messie » de l'Ancien Testament : c'est la bonne nouvelle d'un Royaume « déjà là » (12, 28) comme un levain (13, 33) ; le plus petit y est le plus grand (11, 11) : il est difficile aux riches d'y entrer (19, 23) à moins de tout abandonner pour suivre Jésus (19, 21 et 27) la bonne nouvelle est annoncée aux pauvres (11, 5).

Ces thèmes, centre du message de Jésus, disparaissent dans

la théologie triomphale de Paul et de son étrange interprétation de la « parousie » qui, rappelons-le, signifie en grec « présence ». Dans l'enseignement de Jésus : Dieu est présent « au-dedans » de nous comme un germe d'avenir et une espérance. Paul entend par « parousie » un retour, une « deuxième venue » et cette fois « avec puissance », une prise de pouvoir (I Co 15, 24-25).

Le père Segundo souligne « la difficulté de reconnaître dans le ressuscité le Jésus historique » (I, 15). Le Royaume intérieur de la présence de Dieu, message spécifique de Jésus, est désormais remplacé par la promesse ancienne de domination qui s'accomplira cette fois avec puissance lors de la deuxième venue.

Paul introduit une thèse qui n'apparaît nulle part dans le souvenir des Évangélistes. Dieu seul est agissant : « Dieu opère en nous le vouloir et le faire » (Ph 2, 13).

Ce qui est central chez Paul ce n'est donc plus le Royaume de Dieu mais la « grâce » toute personnelle et gratuite.

Par là même un autre thème essentiel dans le message de Jésus : la primauté des pauvres, disparaît chez Paul. Le pauvre n'apparaît (d'ailleurs à travers une citation du Psaume 22, 8) que comme bénéficiaire de l'aumône venant du « superflu » (II Co 9, 9).

Son Évangile, à la différence du message de Jésus n'est pas annoncé prioritairement aux pauvres (Mt 11, 5 ; Lc 4, 18 et 7, 22).

La primauté des pauvres, centrale dans la vie et le message de Jésus, est si peu centrale chez Paul que dans la grande synthèse de sa théologie, dans l'épître aux Romains le mot même de pauvre ou de pauvreté n'est pas une seule fois prononcé, et celui de riche et de richesse toujours dans un sens figuré : « richesse » de la bonté de Dieu, de ses bénédictions, de sa sagesse (Rm 2, 4 ; 11, 12 et 33).

Quant aux autres épîtres, chaque fois que l'on parle de pauvreté c'est à propos de l'organisation de collectes en faveur d'autres communautés. « Simplement, écrit Paul, nous aurions à nous souvenir des pauvres, ce que j'ai eu bien soin de faire » (Ga 2, 10).

Dans la première aux Corinthiens (16, 1) il a organisé la collecte pour la communauté de Jérusalem. Dans la deuxième

(8, 2) pour les communautés de Macédoine. Il fait appel à la « générosité » des donateurs en leur rappelant celle de Jésus : « Vous connaissez en effet la générosité de notre Seigneur Jésus-Christ qui, pour vous, de riche qu'il était s'est fait pauvre pour vous enrichir de sa pauvreté » (II Co 8, 9).

Il marque aussitôt les limites de cette « générosité » 8, 13 : « Il ne s'agit pas de vous mettre dans la gêne en soulageant les autres, mais d'établir l'égalité (8, 14). « En cette occasion ce *que vous avez en trop* compensera ce qu'ils ont en moins, *pour* qu'un jour ce qu'ils auront en trop compense ce que vous aurez en moins. »

Au sujet de l'assistance en faveur des « saints » (c'est-à-dire de la communauté de Jérusalem) (II Co 9, 1), il appelle les Corinthiens à la « largesse » (9, 5) et il ajoute : « Dieu a le pouvoir de vous combler de toutes sortes de grâces, pour que, disposant toujours et en tout du nécessaire, vous ayez encore du *superflu* pour les bonnes œuvres » (9, 8). Il rappelle un verset des Proverbes de l'Ancien Testament : « Il a donné aux pauvres. »

Pas un mot de plus sur les pauvres dans toutes les lettres de Paul.

Quant aux riches nous sommes loin des exigences de Jésus sur le dépouillement total. Pour la seule formule ayant quelque mordant : « La racine de tous les maux, c'est l'amour de l'argent » (I Tm 6, 10), une note de la TOB nous rappelle « qu'il sagit d'une locution proverbiale en usage dans la littérature de l'époque ».

En dehors d'un emploi figuré ironique du mot : « Déjà vous êtes riches ! Sans nous vous êtes rois » (I Co 4, 6) (alors, rappelle-t-il, que ces grandeurs humaines ne sont rien devant Dieu), ses appels aux riches sont d'une exemplaire modération. I Tm 6, 17 : « Aux riches de ce monde-ci, ordonne de ne pas s'enorgueillir et de ne pas mettre leur espoir dans une richesse incertaine, mais en Dieu, lui qui nous dispense tous les biens en abondance... 18 : Qu'ils fassent le bien, s'enrichissant de belles œuvres, donnant avec largesse, partageant avec les autres... 19 : Ainsi amasseront-ils pour eux-mêmes un bel et solide trésor pour l'avenir, afin d'obtenir la vie véritable. »

« Quant à ceux qui veulent s'enrichir, ils tombent dans le

piège de la tentation, dans de multiples désirs insensés et pernicieux qui plongent les hommes dans la ruine et la perdition » (6, 9).

D'où ce conseil de sagesse : « se contenter de ce qu'on a » (6, 8).

Rien d'autre non plus sur la richesse.

Point de malédiction pour les riches, assistance pour les pauvres, respect de toutes les autorités : après Paul le christianisme est déjà prêt pour devenir religion d'empire. C'est ce que, deux siècles après, comprendra Constantin.

Mais ces deux siècles sont marqués par les persécutions des chrétiens et des juifs par les Romains, de Néron à Dioclétien.

Les raisons — ou les prétextes — de ces persécutions sont multiples. En ce qui concerne les juifs « il s'agit de la répression du messianisme juif[5] », que les empereurs considéraient comme une menace permanente contre la centralisation du pouvoir romain. Il est, par exemple, significatif qu'après l'écrasement de la dernière révolte juive et la prise de Jérusalem, Vespasien a fait rechercher tous les descendants de David.

Pour les chrétiens, les motivations romaines sont plus variées. Il y eut d'abord une assimilation des chrétiens aux juifs. La confusion était d'autant plus vraisemblable que, du côté du pouvoir, les communautés chrétiennes pouvaient passer pour des sectes juives plus ou moins dissidentes, et, que, du côté des chrétiens, les disciples de Paul se considéraient comme « les vrais juifs » le véritable Israël », le « reste » demeuré fidèle (Es 10, 20-22 et Rm 9, 27). Ce qu'implique en effet l'enseignement de Paul (Rm 2, 28-29).

« Si vous appartenez au Christ, c'est donc que vous êtes la descendance d'Abraham ; selon la promesse vous êtes héritiers » (Ga 3, 29), « L'Israël de Dieu » (Ga 6, 16).

Mais il existe une autre accusation s'adressant spécifiquement aux disciples de Jésus : ils sont considérés comme « athées » et « novateurs » ; à ce titre sont exécutés à Rome, à la fin du Ier siècle, un ancien consul, Glabrio, et deux autres aristocrates. Au niveau populaire, par contre, s'exprime un « changement d'attitude des chrétiens à l'égard de l'Empire. Le contraste avec

5. J. Daniélou, *Nouvelle histoire de l'Église*, Éd. du Seuil, p. 113.

les épîtres de Paul est frappant. Pour celui-ci le danger était que l'Église soit entraînée par les juifs à s'opposer à Rome. Aussi multiplie-t-il les appels à la soumission au pouvoir impérial[6] ».

Ce retournement s'exprime d'abord au temps des persécutions de Domitien (fin du Ier siècle) dans l'Apocalypse violemment dirigée contre Rome, la cité de Satan, la prostituée (Ap 17, 1).

Le style en est inspiré par les visions des prophètes d'Israël, en particulier Ézéchiel (Ap 20, 8).

Mais les traits nouveaux en sont d'abord une ardente colère populaire contre « les marchands de la terre » (Ap 18, 12) « parce que les marchands étaient les grands de la terre » (18, 23) et que Rome est le centre du pillage et de l'écrasement des peuples, ensuite, et surtout une espérance « millénariste » d'établir le Royaume de justice annoncé par Jésus, celui des opprimés et des offensés. De l'établir sur la terre pendant mille ans (Ap 20, 1 à 6), avant le Jugement dernier du Royaume de Dieu.

L'Apocalypse s'adresse aux communautés chrétiennes d'Asie et commence par sept lettres adressées aux principaux centres du christianisme « asiate ». Comme l'écrit la TOB dans son introduction à l'Apocalypse, « l'espérance chrétienne ne se nourrit pas seulement de la perspective d'une Parousie imminente mais aussi du rapport de la participation actuelle au combat victorieux du Christ ».

A travers toute l'histoire de l'Église apparaîtront le pôle apocalyptique, protestataire, et le pôle constantinien, conservateur. Les théologies de la libération et les théologies de la domination.

Déjà entre l'Apocalypse (vers 95) et le concile de Nicée de 325, triomphe du paulinisme politique et acte de fondation du constantinisme, alternent les cris de révolte contre l'Empire romain et les œuvres de conciliation sinon de collaboration. Parmi ces dernières, les « apologies » « inspirées du souci de montrer que le christianisme est conforme à l'idéal de l'hellénisme[7] ».

6. *Ibid.*, p. 114.
7. *Ibid.*, p. 121.

Les plus typiques sont celles de Justin. Il vient à Rome en 150, sous le règne d'Antonin à qui il adresse sa première *Apologie*. Son exégèse, fidèle à la tradition de Paul, est fondée sur l'unité des deux Testaments. Sa deuxième *Apologie*, dédiée à l'empereur Marc-Aurèle, ne parvint pas à convaincre celui-ci que le christianisme était dans le droit fil du platonisme et du stoïcisme. Il est exécuté en 165.

Il avait consacré une partie de son œuvre à combattre « l'hérésie » de Marcion. Marcion se réclamait de l'orthodoxie paulinienne au point de n'admettre comme livres canoniques que les épîtres de Paul et l'Évangile de Luc, son disciple. Mais il aboutissait à rejeter l'Ancien Testament, dont le Dieu créateur, ne connaissant que la justice et la force, a engendré les souffrances de l'humanité. Alors que, selon l'Évangile, Jésus n'est ni créateur du monde, ni Messie guerrier à la manière de David, annoncé par l'Ancien Testament. La doctrine de Marcion fondée sur le rejet de l'Ancien Testament, gagne les communautés d'Asie, jusqu'en Mésopotamie, aux environs de 144.

Un quart de siècle plus tard, de 170 à la fin du siècle, l'influence de Marcion en Asie est relayée par celle de Montan. Montan prophétisait, comme l'Apocalypse, l'arrivée prochaine de Jésus pour diriger son peuple. « Il fallait se préparer à cet événement par un détachement universel[8]. »

Cet esprit prophétique et millénariste embrasa l'Asie et fit en Occident un adepte aussi éminent que Tertullien, partisan du « millénarisme » apocalyptique « attribuant à Jésus-Christ, avant le Jugement dernier, un règne de mille ans sur la terre en compagnie des élus[9] ».

Le concile de Nicée mit fin à ces espérances en inaugurant, pour de longs siècles, le constantinisme, malgré des résurgences prophétiques. En particulier la lignée spirituelle de Joachim de Flore (1132-1202) : Jan Hus (né en 1371, brûlé en 1415), Thomas Münzer (né en 1488, crucifié en 1525).

De nos jours l'espérance chrétienne perce au concile de

8. J. Tixeront, *Histoire des dogmes dans l'Antiquité chrétienne*, Éd. Gabalda (1915), t. I, p. 218.

9. *Ibidem*, I, p. 438.

Vatican II, en lequel le Père Chenu saluait « la fin du constantinisme[10] ».

Ce courant « apocalyptique » est né de la « levée » de Jésus. Il passe par la brèche ouverte dans l'histoire des hommes par la révélation d'une transcendance qui n'est plus extériorité de dieux tout-puissants cautionnant les dominations de la terre, mais possibilité permanente de rupture avec les ordres ou les désordres établis.

A l'inverse, Paul a fondé une tradition qui triomphe depuis vingt siècles dans l'Église : une théologie qui ne rompt pas avec celle de l'Ancien Testament, sert de nouveau à la sacralisation des pouvoirs et institue ainsi un « paulinisme politique » d'où est né le « constantinisme », collusion de l'Église et des pouvoirs.

10. M.D. Chenu, *La doctrine sociale de l'Église comme idéologie*, Éd. du Cerf, 1971.

5. Le passé : Le « paulinisme politique »

Les fondements théologiques du paulinisme politique sont restés, depuis vingt siècles, ceux de toute théologie de la domination, de la soumission à « l'ordre établi », voulu par Dieu. Lorsque les thèses de Paul débordèrent largement le Proche-Orient et se répandirent massivement dans l'Empire romain, l'empereur Constantin vit tout le parti qu'il pouvait tirer de cette sacralisation de l'obéissance. Il fit du christianisme la religion officielle de l'Empire. Il fallait pour cela mettre fin aux divisions idéologiques parmi les chrétiens. Or, au début du IVe siècle, l'unité de l'Église est menacée par la prédication d'un prêtre d'Alexandrie, Arius.

Les œuvres d'Arius, à l'exception d'une lettre, ont été détruites par l'orthodoxie : nous ne pouvons donc reconstituer hypothétiquement sa position qu'à partir de ce que nous en ont rapporté ses adversaires, en particulier Hilaire de Poitiers.

Arius, au début du IVe siècle, veut, semble-t-il, préserver l'unité de Dieu contre la tendance à lui substituer un Jésus-Dieu, créateur de toutes choses, comme déjà l'avait dit saint Paul : « Jésus-Christ, par qui toute chose existe » (I Co 8, 4). « Tout est créé par lui et pour lui » (Col 1, 15).

Son essai de synthèse semble avoir plusieurs sources. Certainement le Dieu de Platon et celui d'Aristote. L'exégèse aussi de Philon dégageant, par l'interprétation allégorique, la pure transcendance du Dieu juif. Et peut-être plus encore la vision de Plotin (204-270) dont l'intuition centrale, telle qu'elle s'exprime dans la Vᵉ et la VIᵉ Ennéade, est en rupture radicale avec le rationalisme grec.

Dans une telle perspective qui n'est ni juive, ni grecque, Arius s'efforce de situer Jésus par rapport à Dieu.

Le mot-clé de l'arianisme est le verset de saint Jean : « Le Père est plus grand que moi » (14, 28), et toutes les *formulations* qui excluent l'identité : « Je monte vers mon Père et votre Père, vers mon Dieu et votre Dieu » (Jn 20, 17) que saint Hilaire de Poitiers cite pour le réfuter, ainsi que la formule de Paul : « Le fils lui-même se soumettra alors à celui qui lui a tout soumis » (I Co 15, 26-28).

Jésus, selon Arius, « procède » de Dieu (une expression de Plotin inspirée de l'Inde) comme d'ailleurs toutes les créatures. Il est, comme tous les hommes, « à l'image de Dieu ». Il en est la plus parfaite image ; celle d'un messager entièrement fidèle à tout ce qui découle de l'unité divine et en témoignant par sa vie et sa mort. Il est donc l'image visible du Dieu invisible. « Qui m'a vu a vu le Père. »

Le succès de cette prédication d'Arius est tel que la polémique divise toutes les Églises d'Orient.

Constantin, dont l'objectif est l'unité de son Empire, voit dans ces déchirements un trouble de l'ordre public.

Il essaye d'abord la conciliation, envoyant à Alexandrie son conseiller religieux, Ossius de Cordoue, pour rapprocher Arius de son plus inflexible adversaire : Athanase, évêque d'Alexandrie.

La tentative de conciliation ayant échoué, Constantin décide d'employer la manière forte. Il vient de battre son rival l'empereur d'Orient Licinius, et il entre victorieusement dans sa capitale, Nicomédie, en 324. Aussitôt il convoque un concile dans une ville proche : Nicée, en 325, pour condamner le rebelle Arius, en une formule abrupte qui permette de distinguer le rebelle des sujets soumis. L'empereur fait savoir aux Pères du concile que quiconque n'acceptera pas la décision finale sera exilé sur-le-champ.

D'après le témoignage même d'Athanase, dans son livre *Sur les décrets du synode de Nicée*, présent au concile, et fer de lance de l'attaque contre Arius, les Pères « avaient d'abord espéré pouvoir extirper les blasphèmes des ariens... par des mots empruntés aux Écritures[1] ». Il n'y parvinrent pas car Arius et ses partisans acceptèrent toutes les formulations des Écritures. Mais l'empereur voulait un critère clair pour distinguer une orthodoxie qui réaliserait l'unité idéologique de son empire, et une hérésie qu'il se chargeait de réprimer.

C'est alors que ses conseillers choisirent étrangement l'expression de « *omoousios* » pour dire que le Fils était « de la même substance » que le Père. Choix apparemment étrange car la foi chrétienne tentait ainsi de s'exprimer dans une forme purement grecque. Or le concept fondamental de la philosophie grecque, celui de « l'être » *(ousia)*, est totalement étranger à la fois à la tradition juive d'un Dieu vivant, créateur, et à la tradition évangélique où Dieu est amour, relation, et non pas « être » au sens grec.

La confusion était d'autant plus grande que le mot « hypostase » est utilisé à Nicée comme un synonyme de « substance » (sa version littérale, en latin, est en effet « *substantia* » : ce qui est dessous, ce qui est l'être vrai sous l'apparence extérieure).

Ce mot « *omoousios* » venait de la tradition gnostique et avait été condamné, un demi-siècle avant, par le concile d'Antioche en 268, déclarant hérétique et excommuniant l'évêque d'Antioche, Paul de Samosate, pour avoir employé ce mot qui ne figurait nulle part ni dans l'Ancien ni dans le Nouveau Testament. Il était donc sûr que ni Arius ni ses amis ne l'accepteraient. C'est ce que voulait l'empereur. Les ariens durent s'exiler aussitôt et trois autres évêques qui, après le concile, déclarèrent n'avoir voté que par crainte de l'empereur et se rétractèrent, furent destitués par Constantin et exilés en Gaule.

Le fond du problème n'était pas doctrinal mais politique et disciplinaire.

Il fallut à Nicée obéir aux injonctions de l'empereur qui entendait se débarrasser d'une image de Jésus insupportable à tout pouvoir. Il importait donc au salut de l'Empire que ce Jésus fût un Dieu comme les autres, comme ce Jupiter dont Constantin était, et restera jusqu'à sa mort, le *Pontifex maximus* (le souverain Pontife). « L'empereur se pense tout

1. Voir Père Ephrem Boularand, s.j. : *L'hérésie d'Arius et la Foi de Nicée*, Éd. Letouzey et Ané, 1972, tome II, p. 304.

naturellement comme le chef du peuple chrétien : nouveau Moïse, nouveau David, à la tête du véritable Israël, celui de la Nouvelle Alliance[2]. »

Un Jésus homme eût été son rival. Un Jésus-Christ, Dieu dans le ciel, ne pouvait lui faire ombrage puisque l'empereur incarnait la volonté de Dieu sur la terre.

Le concile de Nicée, en 325, établit définitivement l'orthodoxie paulinienne. Le savant historien du concile de Nicée, le père Boularand écrit : « Paul a directement inspiré les rédacteurs du concile de Nicée[3]. »

Le père Segundo, lui aussi, note que ce concile « semble se limiter à amplifier la confession de foi de Paul ». Le concile proclame que « le Fils de Dieu... Jésus de Nazareth, a la même nature, ou la même substance, ou le même être que le Dieu unique qu'adoraient les juifs ainsi que certains philosophes grecs qui rejetaient le polythéisme[4] ».

Ainsi Jésus est entré dans le droit commun des anciens dieux. Il est le créateur : « Tout est créé par Lui et pour Lui » (Col 1, 15), créateur d'un monde intouchable.

C'est en effet, pour Constantin, le meilleur garant d'un consentement populaire au *statu quo*.

L'empereur s'intéresse si peu à la doctrine que, trois ans après Nicée, il change d'avis, réhabilite Arius et ses partisans. Il appuie désormais les adversaires de Nicée et ne se fera baptiser qu'en 337, à la veille de sa mort, par un évêque arien.

Ainsi commençait une nouvelle étape de l'histoire de l'Église jusque-là persécutée : celle du « constantinisme ». L'Église devenait désormais une institution d'État.

Le « constantinisme » est né à Nicée.

Il s'agit, pour Constantin de faire des évêques « des fonctionnaires au service de l'État[5] » en leur donnant par exemple un arbitrage sans appel pour les procès civils, et en interdisant les cultes païens (sous peine de mort à partir de l'empereur Théodose).

2. Jean Daniélou, *Nouvelle histoire de l'Église*, tome I, p. 283

3. Ephrem Boularand, *L'hérésie d'Arius et la foi de Nicée*, 1972, tome II, p. 355.

4. Segundo, *Le christianisme de Paul*, p. 304.

5. Segundo, *Qu'est-ce qu'un dogme ?*, *op. cit.*, p. 286.

L'épiscopat n'est pas seulement politisé mais centralisé sur le modèle impérial : il est centralisé non pas autour de l'évêque du siège où le christianisme a commencé (Jérusalem), mais de celui où est située la capitale impériale : Rome.

En 422 l'évêque de Rome recevra le titre de « pontife », celui des maîtres du culte de l'ancienne Rome.

Les évêques peuvent discuter, mais c'est l'empereur qui décide : en 355, par exemple, au synode de Milan, le nouvel empereur Constance, arien, fait condamner Athanase et, malgré les protestations d'évêques, proclame : « Ce que je veux doit être considéré comme la loi dans l'Église. »

Au concile d'Éphèse (433) condamnant le patriarche de Constantinople Nestorius, le problème se traduit sous des formes différentes mais il s'agit toujours du même problème : celui qu'avait posé Paul en identifiant l'homme Jésus et le Christ-Dieu.

Nestorius dans son *Livre d'Héraclide* s'attaque en particulier à l'expression : « Marie, mère de Dieu ». En fait, au concile d'Éphèse les Pères tentent une fois de plus d'exprimer dans le langage de la philosophie grecque, totalement étrangère au message de Jésus, la même profession de foi. La notion d'« hypostase » ne résout rien car elle est la traduction grecque de la substance (en latin « *substantia* ») et celle de « personne » n'a aucun équivalent en grec ; le mot « *prosopon* » signifiant « masque », ce qui est le contraire même de la « personne ». La notion grecque de la « nature », « *phusis* », est incapable aussi de traduire les « deux natures » de Jésus, pleinement homme et pleinement Dieu.

Contre ceux qui voulaient ne voir en Jésus-Christ que « la nature » divine (les « monophysites ») le concile de Chalcédoine (449) proclame « un seul et même Christ en deux natures ». Unité de la personne avec dualité des « natures ».

Mais que les nestoriens séparent, que les monophysites confondent, que le concile distingue, ces questions doctrinales n'avaient guère d'importance pour l'empereur Marcien dont le père L. Tixeront dit : « L'empereur voulait absolument une formule dont la souscription ou le rejet lui permît de discerner immédiatement les orthodoxes des dissidents[6]. » Distinguer

6. L. Tixeront, *Histoire des dogmes*, Paris, 1919, tome III, p. 94.

le « fidèle » de l'« hérétique » (c'est-à-dire, pour le pouvoir, le rebelle mettant en cause l'unité de l'Empire).

Pour illustrer cette victoire du paulinisme politique et de sa théologie de la domination, dans le christianisme historique, institutionnel, nous retiendrons seulement cinq exemples :

— celui de l'augustinisme politique ;
— celui de Luther ;
— celui du colonialisme :
— celui de la lutte actuelle contre les théologies de la libération ;
— celui du *Catéchisme catholique* de 1992.

1. C'est à partir du dualisme paulinien que saint Augustin sépare la « cité de Dieu » de la cité des hommes, si bien que l'admirable témoin de la vie intérieure, seule divine, dans les *Confessions*, est le même homme qui écrit : « La première cause de l'esclavage est le péché » (*Cité de Dieu* XIX, 15). Il ajoute : « L'Apôtre (Paul) recommande aux esclaves d'être soumis à leur maître et de les servir de bon cœur et avec bonne volonté » (*Cité de Dieu* XIX, 15). « Cette servitude, rançon du péché, trouve sa place dans l'ordre par cette loi qui commande de conserver l'ordre naturel et défend de le troubler » *(ibidem)*.

Au nom de ce respect de « l'ordre », saint Augustin, en tant qu'évêque d'Hippone, combat les « hérétiques » : les « donatistes », qui étaient des « résistants » refusant le ralliement de l'Église à l'Empire ; les « pélagiens » n'acceptant pas la thèse de Paul : « Dieu fait en nous le vouloir et le faire », et entendant réhabiliter l'effort humain ; enfin les « circoncellions », ouvriers agricoles, servant chez les grands propriétaires romanisés, invoquant l'Évangile annoncé en priorité aux pauvres. Au nom de l'orthodoxie catholique et impériale, saint Augustin, en accord avec l'envoyé de l'empereur, décide, en 411, de faire appel à la police impériale pour la répression des « donatistes » et des « circoncellions ».

2. Lors de la Réforme est posé, avec une extrême violence, à partir des textes de Paul, le problème paulinien des rapports entre la grâce divine et la volonté humaine dans l'œuvre du salut.

Martin Luther a joué un rôle libérateur à l'égard d'un catholicisme politique et de son dogmatisme. Il a ouvert des voies nouvelles dans la recherche de l'intériorisation de la foi, mettant directement l'homme de foi en face de son Dieu, sans l'intermédiaire d'un clergé, ni d'une morale avec ses châtiments et ses « indulgences ». Pendant des siècles, jusqu'à Kierkegaard au XIXe siècle et à Karl Barth au XXe, ce séisme, ébranlant les vieilles certitudes, a porté ses fruits.

Luther a suivi, dans sa vie personnelle, un cheminement semblable à celui de Paul. Au couvent il avait cherché à mériter son « salut » par ses efforts personnels. L'échec le conduit au désespoir. Le moment décisif de sa vie, sa « découverte », explique-t-il dans son *Commentaire de l'épître aux Romains*, c'est sa rencontre profonde avec ce verset de Paul : « L'homme est justifié par la foi, indépendamment des œuvres de la loi » (Rm 3, 28).

Il refuse l'interprétation selon laquelle les « œuvres » désigneraient seulement des pratiques extérieures ; il s'agit, dit-il, de toutes les œuvres humaines. Selon son *Traité du serf arbitre* (1525), la liberté consiste à reconnaître la radicale impuissance de la liberté humaine tant qu'elle ne reçoit pas le « don de la grâce ».

Dans son juste combat contre la « théologie de la suffisance », il s'appuie sur la théologie de la « grâce » de Paul. Tout comme Calvin, élaborant sa doctrine de la « prédestination ».

A partir de ces prémisses, les « œuvres » d'un combat politique ne peuvent contribuer à l'avènement du « Royaume de Dieu ». On rejoint la conception augustinienne des deux cités : la cité de Dieu, où l'homme est libéré par la foi et la grâce, et la cité terrestre où il est soumis aux princes.

L'obéissance aux lois est un devoir religieux puisque toute autorité est instituée par Dieu. Le 5 mars il écrit au prince grand électeur Frédéric : « Celui-là seul qui l'a instituée de ses mains peut détruire et ruiner l'autorité : autrement c'est la révolte, c'est contre Dieu. » Cette condamnation de toute résistance est la thèse centrale de son traité sur *L'autorité séculière* (1523), celle de Paul sur le pouvoir de droit divin pour lequel il faut prier, même s'il est détenu par Néron (I Tm 2, 2) c'est aussi celle de saint Augustin. Invoquant l'autorité de Paul, il dit expressément : « Même à des monstres, pareils à Néron, la puissance souveraine n'est donnée que par la Providence du Dieu suprême quand il juge que les hommes méritent de tels monstres » (*Cité de Dieu* V, 19).

Lorsque les paysans de Souabe se soulèvent, en 1525, sous la direction du théologien Thomas Münzer, leurs bannières portaient : « Seigneur, soutiens ta justice divine ! » Luther est à leur égard implacable.

Il écrit à Amsdorf le 30 mai 1525 : « Un homme qu'on peut convaincre de rébellion est au ban de Dieu et de l'empereur ; et tout chrétien peut et doit l'égorger... Mon sentiment est net : mieux vaut la mort de tous les paysans que celle des princes et des magistrats. » Et s'adressant aux princes : « Chers Seigneurs, déchaînez-vous... exterminez, égorgez. » Il ajoute, il est vrai, comme le légat du pape lors du massacre des cathares dans Béziers (« Tuez-les tous, Dieu reconnaîtra les siens ») : « S'il se trouve des innocents parmi eux, Dieu saura bien les protéger et les sauver ».

S'agit-il d'un reniement de son passé ?

Nullement. C'est l'application pratique, poussée à ses ultimes conséquences, de ce principe : pour qui détient un pouvoir reçu de Dieu, c'est un devoir de le défendre. Il écrivait déjà, avant la rébellion, dans son *Pamphlet contre les prophètes célestes*, que le devoir des maîtres investis par Dieu « c'est de contraindre le peuple, par la Loi et le glaive, à la piété extérieure comme on tient les bêtes fauves par les chaînes de la cage ».

Luther s'appuie sur la doctrine de Paul pour combattre « le premier théologien de la révolution » (comme l'appela Ernst Bloch) : Thomas Münzer, qui ne séparait pas la libération des servitudes terrestres de la libération du péché, la cité terrestre de la cité de Dieu.

Thomas Münzer s'inspirait de la théologie de l'histoire de Joachim de Flore, moine calabrais du XIIIe siècle. Dans son *Traité sur les quatre Évangiles*, partant de l'Apocalypse plutôt que du paulinisme, Joachim de Flore retrace les grands moments de la pénétration de la Trinité dans l'histoire : selon lui, après *l'âge du Père*, qui était celui de la Loi et de l'Ancien Testament, est venu *l'âge du Fils*, avec Jésus-Christ et son Église.

Il prophétise (Dante lui reconnaît ce « don prophétique ») dans sa *Divine Comédie* (Paradis XII, 139-141) la venue d'un *âge de l'esprit*, celui de « l'Évangile éternel », d'une terre nouvelle sans domination et sans propriété, sans culte, sans pouvoir séparé de la communauté, où l'esprit sera tout en tous.

Déjà saint Augustin, dans sa *Cité de Dieu* (XX, 7) avait condamné cette vision apocalyptique qui inspirera Joachim de Flore. Il se réfère pour cela à Paul qui, dans son épître aux Éphésiens (1, 4), parle du choix qui a été fait par Dieu « avant la fondation du monde », et qui exclut tout dépassement et, *a fortiori*, tout l'aspect « protestataire » du joachinisme, dont Jean Hus, puis Thomas Münzer feront le ferment du mouvement libérateur de l'homme.

C'est l'interprétation de trois versets de Paul (I Co 13, 10-12) qui entraîna la condamnation de Joachim de Flore au concile de Latran (1215). Joachim cite onze fois dans son *Traité sur les quatre Évangiles* ces versets : « Aujourd'hui nous voyons à travers un miroir de manière confuse, mais alors ce sera face à face... (12), quand viendra la perfection ce qui est limité sera aboli (10) ». Il les interprète toujours à partir de l'Évangile de Jean (16, 12-13) : « J'ai encore beaucoup de choses à vous dire, mais vous ne pouvez pas les porter maintenant. Quand viendra l'Esprit il vous conduira vers la vérité tout entière... Il vous annoncera les choses à venir. »

Joachim de Flore ne considère pas que l'histoire du salut est terminée avec Jésus-Christ et l'Église qui en est le corps. Il pense au contraire que Jésus n'est pas venu clore l'histoire du salut mais l'ouvrir à son accomplissement futur, quand Dieu sera tout en tous par son Esprit. En d'autres termes Jésus, pour lui, n'est pas la fin de l'histoire mais le début de son renouvellement.

Or, il n'en est pas ainsi chez Paul où le Christ, le Messie, est l'accomplissement de l'Ancien Testament.

A deux reprises l'Église a tranché en rejetant l'interprétation joachimite. D'abord du point de vue disciplinaire : une commission d'experts, à Agnani, en 1255, considéra que l'évocation, par Joachim, du troisième âge, suggérait qu'il se situait « au-dessus de toute Église » et qu'il tendait donc à la subversion du clergé et de l'Église romaine, dont en effet Joachim de Flore dénonçait les désordres et les abus.

Du point de vue théologique, « l'exégèse joachimite, comme le souligne l'un de ses plus récents historiens, a tendance à renverser la perspective paulinienne[7] », dont les versets invoqués seraient la version eschatologique de la justification par la foi. Selon Paul, en effet, l'histoire du salut s'achève avec Jésus : « Si quelqu'un est dans le Christ, c'est une création nouvelle : les choses anciennes ont disparu, toutes choses sont devenues nouvelles » (II Co 5, 17).

Dans sa réfutation du joachimisme saint Thomas d'Aquin rétablit cette interprétation orthodoxe de Paul. Sa conclusion est claire et catégorique : il n'y a pas à attendre qu'advienne un avenir où la grâce de l'Esprit serait plus parfaite qu'elle ne l'est[8].

Il rejette le joachimisme qui historicise le mystère de la Trinité. Il n'y a qu'un Évangile, qu'une Église, qui durera jusqu'à la fin des temps. « Cet état des fidèles, écrit saint Thomas, durera jusqu'à la fin du monde[9]. »

Transgressant ce que Käseman a appelé « la réserve eschatologique de Paul » Joachim de Flore relativise l'Église et les pouvoirs comme des moments transitoires de l'histoire du salut. Il ose écrire[10] : « Si la lettre de l'Ancien Testament fut confiée au peuple juif, la lettre du Nouveau Testament le fut au peuple romain, tandis que l'intelligence de l'Esprit, qui procède des deux est confiée aux spirituels. »

Déjà saint Grégoire de Naziance (†389) s'était avancé dans cette voie : « Dans l'histoire il y a eu deux grandes mutations qu'on appelle les deux Testaments : l'un a fait passer les hommes de l'idolâtrie à la foi, l'autre de la Loi à l'Évangile. Un troisième séisme est prédit : c'est celui qui nous transportera d'ici là-haut, dans la région où il n'y a plus ni mouvement ni agitation[11]. »

Mais ici le mouvement s'arrête.

7. Henri Mottu, *La manifestation de l'Esprit selon Joachim de Flore*, Éd. Delachaux et Niestlé, Neuchâtel, 1977, p. 209.

8. Mottu, *op. cit.*, p. 215.

9. Saint Thomas d'Aquin, *Somme théologique*, I a II ae, qu. 106 *(sed contra)*.

10. Joaquim de Flore, *Concordia*, II, 1, 7, 9 b.

11. Saint Grégoire de Naziance, *Discours théologiques*, V, 25.

Le père de Lubac a marqué la frontière dépassée par Joachim de Flore, « séparant le Christ de son Esprit en rêvant d'un règne de l'Esprit qui conduirait au-delà du Christ[12] ».

3. Le paulinisme politique confortera une nouvelle fois la théologie de la domination lors de la naissance du colonialisme. Lors du premier débat théologique fondamental qui opposa, en 1550, à Valladolid, Mgr Bartolomé de Las Casas, défenseur des Indiens, à Gines de Sepulveda qui soutenait la thèse colonialiste du droit à imposer par la force, fût-ce par la guerre, la religion chrétienne en Amérique, c'est encore la théologie de Paul qui sert d'argument.

Dans la controverse de Valladolid, Sepulveda s'appuie sur les Écritures pour justifier le colonialisme et le droit d'imposer aux non-chrétiens leur religion par la guerre. Il invoque, contre Bartolomé de Las Casas, les textes du Deutéronome sur la « guerre sacrée » menée par Moïse et ceux des Psaumes sur les victoires militaires de David contre les ennemis. Il se réclame de la théologie de la domination de saint Paul et en multiplie les citations triomphales.

Le paulinisme politique et l'augustinisme politique jouent ainsi un rôle capital dans l'histoire du colonialisme qui cherchait à se justifier en appelant évangélisation une conquête coloniale.

Jésus, un nouveau Moïse et un nouveau David, qui lors de sa « deuxième venue avec puissance » foulera aux pieds les souverains et les royaumes du monde alors que les peuples n'auront qu'à accueillir les nouveaux maîtres envoyés par Dieu.

Le paulinisme politique joue ainsi, dès les débuts du colonialisme européen en Amérique, un rôle capital dans sa légitimation théologique, grâce à laquelle pendant cinq siècles, de Valladolid (1550) à Compostelle en 1982, on appelle « évangélisation » des conquêtes coloniales qui, selon l'inflexible Las Casas, « déshonorent le christianisme ».

Par exemple, les puritains d'Amérique, dans leur chasse à l'Indien pour s'emparer de ses terres invoqueront Josué et ses « exterminations sacrées » des Amalécites et des Philistins[13].

12. H. de Lubac, *Exégèse médiévale*, III, 558.
13. Voir Thomas Nelson, *The puritans of Massachusets*, 1967.

4. La lutte implacable menée aujourd'hui contre les théologies de la libération continue cette tradition.

Le cardinal Ratzinger, préfet de la congrégation pour la Doctrine de la foi (qui s'est appelée jusqu'en 1965 congrégation du Saint-Office, et jusqu'en 1908 congrégation de l'Inquisition romaine), publie le 26 juin 1989 une instruction sur « la vocation ecclésiale du théologien ». Il y rappelle le principe sur lequel se fondait l'Inquisition depuis qu'en 1233 le pape Grégoire IX s'était réservé le monopole de la lutte contre les hérétiques. Le magistère (c'est-à-dire le pape), dit le cardinal Ratzinger, est « en vertu de l'autorité exercée au nom du Christ, le seul interprète authentique de la Parole de Dieu..., doté du charisme d'infaillibilité... Les règles morales peuvent être infailliblement enseignées par le magistère ».

Étrangement oublieux du passé de la congrégation qu'il dirige, le cardinal Ratzinger affirme : « L'Église a *toujours* tenu que personne ne doit être contraint à embrasser la foi malgré lui. » Il n'a donc plus souvenance des bûchers dressés contre les musulmans et les juifs d'Espagne, et contre les Indiens d'Amérique sous prétexte d'« évangélisation ».

Il est vrai qu'aujourd'hui l'Église ne dispose plus du pouvoir de contraindre. Le cardinal Ratzinger se contente donc d'interdire le dialogue entre les théologiens et le « magistère ». En particulier le dialogue avec les « théologiens de la libération ».

Le 23 novembre 1984 il publie une *Instruction sur quelques aspects de la théologie de la libération*[14].

L'argument central du document est directement puisé dans saint Paul : « la libération que Dieu seul nous apporte est la libération du péché » (10, 7, p. 32).

Saint Augustin après saint Paul (Rm 6, 6) rappelait l'axiome

14. Étrange coïncidence : A la fin de 1984 est révélé l'existence du manuel intitulé *Opérations psychologiques dans le combat contre les guerillas*, préparé par la CIA américaine, et distribué à la « Contra » nicaraguayenne, sur l'utilisation de la religion dans la propagande. Et le 7 février 1985 paraît à Lima le *Document de Santa Fe*, où les idéologues de Reagan recommandent (Proposition III) : « La politique extérieure des États-Unis doit commencer à affronter la théologie de la libération. »

fondamental de toute théologie de la domination : « La première cause de l'esclavage est le péché qui fait que l'homme est soumis à l'homme... cela n'arrive pas sans un jugement de Dieu » (*Cité de Dieu* XIX, 15).

Le cardinal Ratzinger oppose aux théologies de la libération la même vision du monde. Dès la première page de son *Instruction* il proclame, à la suite de Paul et de saint Augustin : « La libération est d'abord et principalement libération de la servitude radicale du péché » (avant-propos). Les servitudes « dérivent toute en définitive du péché » *(ibidem)*.

1° Cette libération « apportée par le Christ est offerte à tous les hommes, qu'ils soient politiquement libres ou esclaves » (4, 13). Par conséquent, « en posant comme impératif la révolution radicale des rapports sociaux et politiques... on ruine l'éthique et son fondement » (4, 15). D'où le reproche fait aux théologies de la libération « de réduire l'Évangile de salut à un Évangile terrestre » (6, 5). Ce n'est que... par la conversion intérieure qu'on obtient des changements sociaux » (11, 8).

2° Alors que les théologiens de la libération s'efforcent de lier intimement les luttes sociales contre toutes les situations où l'homme est déshumanisé, aliéné, où « l'image de Dieu » est défigurée en lui, avec la lutte permanente contre le péché, le cardinal Ratzinger revient à la théorie des « deux cités » : la « cité de Dieu » et la cité terrestre. Il accuse les théologiens de la libération d'« immanentisme historique » parce qu'ils n'isolent pas « histoire du salut et histoire profane » (9, 3).

L'histoire du salut est affaire de l'*Église* : « l'Église apostolique, écrit-il, représente "le Royaume de Dieu inauguré sur la terre" (deuxième instruction : *Liberté chrétienne et libération* » (54).

Tout effort pour enraciner l'Église dans le peuple pour le conscientiser en vue de la lutte libératrice organisée (9, 12) est considéré par le cardinal Ratzinger comme « une mise en cause de la structure sacramentelle et hiérarchique de l'Église telle que l'a voulue le Seigneur lui-même (9, 13).

C'est, dit-il (11, 18), « méconnaître ou éliminer transcendance et gratuité de la libération en Jésus-Christ ».

3° Quelle perspective pour les opprimés et les pauvres d'une amélioration de leur sort ? Le cardinal Ratzinger répond : « C'est de Dieu seul qu'on attend le salut et le remède. Dieu, et non pas l'homme, a pouvoir de changer les situations de détresse » (4, 5).

« Dieu seul », c'est une fois de plus la thèse de Paul. Qu'il s'agisse de la libération du péché ou de la libération de l'oppression de la cité terrestre.

4° Le cardinal Ratzinger étaye la thèse paulinienne, comme le faisait Paul lui-même, en se référant à l'histoire ancienne d'Israël et de sa « traversée du désert » (4, 5).

Évoquant l'Exode, l'exemple le plus typique de l'arrachement d'un peuple à la servitude du Pharaon, le cardinal Ratzinger se réfère à Paul qui ne parle jamais de cet épisode libérateur dans l'histoire juive, sauf une fois, pour n'y voir rien d'autre qu'un baptême : « Tous traversèrent la mer et tous furent baptisés en Moïse » (I Co 10, 1 et 2). Le cardinal Ratzinger fait reproche aux théologiens de la libération de voir en l'Exode autre chose : « Au lieu de voir avec saint Paul dans l'Exode une figure du baptême, on sera porté, à la limite, à faire de celui-ci un symbole de la libération politique » (10, 14).

Tout se passe comme si, avec Jésus, rien ne s'était passé ! « Jésus est le nouveau Moïse » (2e instruction, 62) et, comme chez Paul « l'Évangile... accomplit l'espérance d'Israël » (*ibidem*, 63). « Elle voit sa propre préfiguration dans le Peuple de Dieu de l'Ancienne Alliance » (*ibidem*, 49) dont l'Église est l'héritière.

Le cardinal Ratzinger est donc parfaitement fidèle à l'orthodoxie paulinienne : il se réfère à bon droit à Paul pour combattre les théologies de la libération.

Les théologies de la libération sont la plus grande espérance de notre temps.

Les expériences historiques de construction du socialisme, sous le nom usurpé de « marxisme », ont échoué.

Au-delà des fautes des hommes l'erreur théorique majeure de ce que l'on a appelé « le socialisme historique » fut de prétendre qu'il était possible de libérer l'homme en faisant abstraction de sa dimension transcendante.

Les théologies de la libération n'ont pas partagé cette conception réductionniste de l'homme. Elles partent de la certitude que tout combat pour la libération a plus besoin de transcendance que de déterminisme. Elles ont ouvert une voie inédite à l'union indissoluble de la foi et de l'histoire.

D'un même mouvement elles rappellent aux uns la dimension transcendante de l'histoire, et aux autres la dimension historique de la transcendance.

Elles ont ainsi dépassé deux dualismes inverses et symétriques qui bloquaient le chemin vers une libération plénière de l'homme : une foi en la transcendance conçue comme extériorité eschatologique et sous-estimant les luttes historiques des hommes, et un engagement dans l'histoire sans référence absolue.

Cette double partialité a conduit, en Occident, à une double impuissance, celle d'un christianisme sans prise historique sur les mouvements concrets de libération des hommes, et celle d'une faillite de ceux qui guerroyaient dans une histoire close.

Les théologies de la libération constituent le plus grand effort contemporain pour mettre fin à ce divorce.

Ce n'est pas par un hasard historique que ces théologies de la libération sont nées dans les pays les plus anciennement colonisés, en Amérique latine, sur le terreau humain des « communautés de base » où, parmi les plus démunis, germait la prise de conscience qu'être pauvre c'est n'être rien. Une conception de l'amour faisant abstraction du tragique de l'écrasement des multitudes comme condition de la richesse insolente de quelques-uns, cautionnait le statu quo.

A partir de cette situation historique concrète, vécue avec la plus grande acuité en Amérique latine et en Afrique, les théologiens de la libération, dans une Église que le concile de Vatican II et le pape Jean XXIII venaient « d'ouvrir au monde » pour le servir et non pour y régner, ont entrepris de déchiffrer un tel monde à la lumière des exigences de Jésus pour ceux qui voulaient le suivre : le renoncement à ce qu'ils possédaient non seulement pour « secourir » les pauvres, mais pour se faire pauvres parmi les pauvres, pauvres au sens le plus profond du mot : opprimés physiquement par les couches dominantes et aliénés spirituellement par les idéologies dominantes.

Cette « option préférentielle pour les pauvres », grâce aux théologiens de la libération, s'affirme, en 1968, à Medellin, en

Colombie, lors de la réunion extraordinaire des évêques de l'ensemble du continent, le Conseil épiscopal de l'Amérique latine (CELAM). Elle déchire une illusion mortelle : celle qui, au nom de la neutralité politique de la religion et de l'amour, a cautionné le génocide des Indiens, l'esclavage des Noirs, et aujourd'hui la partition du monde entre une minorité de nantis et une multitude d'exclus.

Cette prise de conscience d'une situation historique à la lumière de Jésus, et cette prise de position pour combattre le non-sens d'un monde où en l'immense majorité des hommes — en particulier dans le tiers monde mais pas seulement là — est bafouée « l'image de Dieu » va conduire à une nouvelle lecture des Évangiles et à une inversion radicale de la démarche théologique traditionnelle en Occident : au lieu de prétendre « déduire » des textes évangéliques une doctrine sociale ou politique sans tenir compte des réalités historiques de chaque époque, partir de cette situation historique concrète pour en déchiffrer le sens à la lumière du message de Jésus, si subversif à l'égard des autorités religieuses et politiques de son temps qu'il le conduisit à la mort.

Cette brèche unique ouverte par Jésus dans l'histoire des hommes était le modèle éternel de la transcendance vécue dans l'histoire.

La *Théologie de la libération* du père Guttierez au Pérou, le *Jésus libérateur* du père Leonardo Boff au Brésil, *Histoire et théologie de la libération* d'Enrico Dussel en Argentine, la *Libération de la théologie* du père Segundo sont des jalons de cette recherche et de cette grande inversion.

Leur critique du marxisme est la plus profonde car une théorie n'est jamais sérieusement réfutée tant qu'on n'a pas tiré jusqu'à la dernière goutte de vérité qu'elle porte en elle et qu'on n'a pas dégagé la racine de ses erreurs.

Le marxisme, comme les utopies socialistes qui l'ont précédé, est né au XIXe siècle dans le contexte historique de la « révolution industrielle » dont les performances techniques auréolaient le capitalisme d'un mythe faustien ou prométhéen, d'une croyance messianique dans le « progrès ». Ainsi étaient rejetées dans l'ombre les millions de vies broyées dans les villes tentaculaires où l'homme était métamorphosé en appendice de la machine et du marché.

Ce fut le mérite du socialisme et de Marx d'avoir dénoncé ces « orgies du capital » et la polarisation entre une minorité maîtresse de l'argent et du pouvoir, et l'aliénation des multitudes par l'inégalité croissante à l'échelle des nations et le colonialisme à l'échelle du monde, conséquences inexorables de la logique darwinienne du marché sans limite et de ses concurrences de jungle.

Mais dans le contexte historique de l'expansion économique du capitalisme et d'un encerclement politique et militaire d'un tiers de siècle qui exigeait, sous peine d'écrasement, de rattraper les retards de « croissance » du régime ancien, les dirigeants soviétiques ont inversé et perverti la conception de Marx. Karl Marx voyait dans la Commune de Paris « la formule enfin trouvée » d'une société socialiste. C'était une société fédérale et non pas étatiste ; elle avait institué l'autogestion ; sa direction comportait plusieurs partis : proudhoniens, blanquistes... et un seul marxiste. Le système soviétique en était le contraire : étatisation, planification sans autogestion, parti unique dont la théorie n'était plus une *méthode* de recherche, mais un *système* dogmatique clos. Le « socialisme » fut entraîné par le maëlstrom du positivisme scientiste et technocratique, fondé sur ce postulat maléfique : la science et la technique, capable d'accroître sans fin la richesse et la puissance, peuvent répondre à toutes les questions des hommes et leur donner le bonheur.

Il perdit ainsi sa finalité humaine première en prétendant « rattraper et dépasser le capitalisme » comme si le but du socialisme était de poursuivre les mêmes objectifs de « croissance » que le capitalisme et de les atteindre mieux que lui par d'autres moyens : le mythe libéral postulait qu'au-delà de sa jungle une « main invisible » réalisait ce miracle : si chacun vise à son intérêt personnel, l'intérêt général sera satisfait.

Le « socialisme » soviétique prétendait substituer à « la main invisible » du libéralisme la main visible et contraignante du plan centralisé avec la bureaucratie et le despotisme qu'il implique.

Dès lors le socialisme ne s'opposait plus au capitalisme par ses *fins* mais par ses *moyens*.

L'échec de cette expérience découle de l'abandon, par le socialisme, de sa fin première : créer les conditions économiques, politiques, culturelles permettant à tout homme de déployer pleinement toutes les richesses humaines qu'il porte en lui, et de son ralliement à la conception capitaliste de la « croissance » et du bonheur : l'accumulation de *l'avoir* et non plus l'épanouissement créateur de *l'être*[15].

Les théologiens de la libération ont posé la question majeure : le changement radical dont le monde a besoin pour surmonter les inégalités (et les violences qui en découlent, et qui le conduiraient à un suicide planétaire) — ne peut se fonder sur une idéologie *déterministe*, que ce soit celle du « progrès » des libéraux ou sa variante « dialectique » chez les intégristes du socialisme dit « scientifique » (en réalité : positiviste, car les sciences peuvent nous fournir de merveilleux *moyens* mais ne sauraient nous désigner des *fins* dernières).

L'idéologie du déterminisme totalitaire fait du présent la résultante nécessaire du passé et de l'avenir l'extrapolation quantitative du présent. Elle ne peut conduire qu'à l'acceptation résignée de ce qui est.

Ce déterminisme positiviste, totalitaire, étend à l'homme la même science qui nous donne prise sur les choses. Il ne peut être le fondement théorique que du conservatisme et de son « empirisme organisateur ».

Toute espérance de mutation inversant nos nouvelles dérives implique le postulat opposé au déterminisme : la transcendance, c'est-à-dire la possibilité pour l'homme de rompre avec les fins — ou plutôt l'absence de fins imposées par le système.

La foi en la transcendance est un pari, un postulat, tout comme la croyance en un déterminisme universel dans l'engrenage duquel l'action de l'homme n'est qu'un cas particulier du mouvement des choses.

Ce choix seul permet de donner un sens à notre vie en lui rendant la responsabilité de vaincre les dérives mortelles de notre temps.

Cette transcendance, comme postulat de toute action libératrice, les théologies de la libération ne la définissent pas comme extériorité mais comme possibilité permanente de

15. Karl Marx, *Manuscrits de 1844*, Éd. Sociales, 1962, p. 103 ; Éd. Pléiade, Économie II, p. 94.

rupture et de dépassement à l'égard du passé. Jésus en a donné le modèle absolu en consacrant sa vie et sa mort à la lutte contre les dominations sacralisées. Mais la lecture traditionnelle du message divin a été faite « par en haut », par les pouvoirs.

La lecture des théologiens de la libération est une lecture « par en bas » c'est-à-dire à partir des exclus, à partir de ceux qui travaillent, souffrent, vivent et meurent sans savoir à quoi leur travail, leur souffrance, leur vie et leur mort peuvent servir. Pour ceux-là l'avenir est la seule espérance de la résurrection, c'est-à-dire de ce passage de la mort à la vie réelle : une vie qui ait un sens.

Ce n'est pas en « se penchant » sur eux, mais en devenant l'un d'eux, en partageant leur existence, leurs souffrances, leurs espérances, que le théologien vivra sa théologie non comme une carrière libérale, mais comme un témoignage militant du message pour lequel Jésus affronta la mort[16].

Retrouver l'essentiel de cet irremplaçable message et agir selon son appel, est ce qu'il y a de plus nouveau et de plus tonifiant dans les théologies de la libération : le père Gustavo Guttierez, dans sa *Théologie de la libération*, voit dans la parabole du jugement final chez Matthieu « le résumé du message évangélique » : « Nous serons jugés sur notre amour pour les autres », ni par une loi, ni par une sagesse, ni même par une foi qui ne s'épanouirait pas dans une action telle que la définit Jésus : nourrir ceux qui ont faim, vêtir ceux qui sont nus, accueillir l'étranger. « Chaque fois que vous l'avez fait à l'un de ces plus petits c'est à moi que vous l'avez fait » (Mt 25, 40).

Cette annonce de l'Évangile, dit le père Guttierez, se réalise à partir d'une option prioritaire pour les pauvres. « Lutter contre toute injustice, spoliation et exploitation, s'engager dans la création d'une société plus fraternelle et plus humaine, c'est vivre l'amour du Père et en témoigner. »

Il ajoute : « Seuls y verront un "réductionnisme politique" ceux qui mettent l'Évangile au service des puissants. »

Les théologiens de la libération ont pris au sérieux la déclaration du pape considérant que la situation actuelle du monde

16. Voir Juan Luis Segundo, *Liberacion de la teología*, Éd. Carlos Lohlé, Buenos Aires, 1975.

est « une situation de péché ». La clé de voûte de toute réflexion politique ou religieuse et de toute action est cette « situation de péché » défigurant en des multitudes l'homme « fait à l'image de Dieu ». Être « tout à tous » exige de mettre fin à cette division mortelle. Libération de l'homme et libération du péché ne font qu'un ; l'histoire sainte et l'histoire tout court sont l'unique histoire de cette libération, indivisiblement profane et sacrée.

La trompeuse distinction des deux plans, celui de l'eschatologie et celui de l'histoire, met en effet l'Évangile au service des puissants.

En Amérique latine cette contradiction est traduite de façon saisissante par deux images de Jésus dans les Églises, avec leurs peintures ou leurs sculptures du « Cristo triumfante » et de Marie, en habits de roi et de reine ; et « Jésus abatido » squelettique et nu. Celui des conquérants, des riches et des puissants, et celui des pauvres, des humiliés et des offensés.

« La figure de Jésus, écrit le père Leonardo Boff[17], nous arrive chargée et entourée de titres et de déclarations dogmatiques... qui tendent à voiler son originalité, à cacher son visage humain et à le reléguer dans l'histoire, pour l'hypostasier comme un demi-Dieu, hors de notre monde. La foi doit libérer la figure de Jésus des entraves qui l'enserrent et la diminuent. Proclamer que Jésus est Messie, Seigneur, Fils de David, Fils de Dieu, ne signifie donc pas encore que l'on croit, si l'on n'a pas la préoccupation de savoir ce que ces noms veulent dire pour notre vie... La foi au Christ ne se réduit pas à l'archaïsme des formules, même si elles sont vénérables, ni à l'archéologie biblique. Croire en Jésus, au sens où il s'agit d'un acte engageant mon existence et impliquant une manière de vivre, c'est confronter la totalité de ma vie personnelle, sociale, ecclésiale, culturelle et globale avec la réalité de Jésus[18]. »

Ainsi seulement la religion cesse d'être un opium et une alié-

17. *Jésus-Christ libérateur*, Éd. du Cerf, 1974, p. 227.

18. Comparer avec l'évocation du christianisme primitif, dans C.H. Dodd, *Les paraboles du royaume de Dieu* : « Parce que la situation exigeait un sacrifice, la question restait posée... : Voulez-vous accepter le Royaume de Dieu ? signifiait concrètement : Voulez-vous jouer votre vie dessus ? » (p. 168).

nation. Ainsi seulement la foi devient le ferment d'un avenir à visage humain, c'est-à-dire divin, par la participation à l'avènement du Royaume.

5. Le *Catéchisme* catholique de 1992. Ce catéchisme consiste en une réédition du « catéchisme de saint Pie V » issu du concile de Trente (1545-1563) et de la Contre-Réforme : « Le concile de Trente, dit le *Catéchisme* de 1992, constitue un exemple..., une œuvre de premier ordre comme abrégé de la doctrine chrétienne[19]. »

Le concile de Vatican II, celui du pape Jean, faisait espérer « l'ouverture au monde » d'une Église invitée à servir le monde et non à le dominer, d'une Église passant de l'anathème au dialogue avec les autres hommes de foi. Il incitait chacun à une participation responsable à la création incessante de Dieu. Il est invoqué et cité dans le *Catéchisme* qui, aux antipodes de ce concile de l'espérance, est la restauration, après Vatican II, d'une Église monarchique comme le concile de Trente le fut après la Réforme.

Les thèses théologiques fondamentales y sont la base d'une pratique conservatrice : la domination.

Dans le droit fil du concile de Trente affirmant que « Dieu est l'unique auteur des deux Testaments » : « Notre Sainte Mère l'Église... juge sacrés et canoniques tous les livres de l'Ancien et du Nouveau Testament, avec toutes leurs parties » (*Dei Verbum*, 11)[20]. *Catéchisme*, p. 35, § 105. Le catéchisme considère, reprenant les formules de Paul et de Samuel, que « David est par excellence le roi selon le cœur de Dieu[21] ».

Il est étrange que le *Catéchisme* nous dise[22] qu'en Jésus l'on a pu reconnaître « les traits fondamentaux » du fils de David « messianique promis par Dieu à Israël », et qu'il appelle Jésus « le Messie d'Israël[23] ».

Comment peut-on faire de Jésus l'héritier de David, dont il présenterait « les traits fondamentaux » ?

19. P. 12.
20. *Catéchisme*, p. 35, § 105.
21. P. 154.
22. P. 98.
23. P. 126.

Le Royaume annoncé par Jésus aurait-il quelque rapport avec le Royaume de David conquis, nous raconte en détail l'Ancien Testament, par le fer et le massacre ?

Toute la vie de Jésus et sa mort marquent une brèche unique dans l'histoire : à l'inverse de toutes les conceptions anciennes de Dieu voyant en Lui un roi tout-puissant comme le Zeus des Grecs ou le « Dieu des armées » de l'Ancien Testament, elles montrent que Dieu se révèle dans le dénuement.

Faire de Jésus l'héritier de David, c'est renouer avec le Dieu des puissances dont les « miracles » « attestent que Jésus est le Messie annoncé[24] ».

Ainsi la signification du message propre de Jésus, de *sa vie* et de sa mort sur la Croix, est déterminé *avant sa vie* par sa généalogie davidique qui en fait le « Messie d'Israël[25] », et par ce qui est venu *après sa mort* : la Résurrection considérée comme un miracle de la puissance : « C'est *après* sa Résurrection que sa filiation divine apparut dans la puissance de son humanité glorifiée[26] » (comme si elle n'apparaissait pas déjà dans la pauvreté et la faiblesse de son humanité humiliée !).

En ce qui concerne la liberté de l'homme, se référant expressément aux décisions du concile de Trente[27], le *Catéchisme* reprend les condamnations symétriques du « libre-arbitre » de Pelage (350-425) cherchant à rendre leur autonomie au vouloir et à l'action de l'homme afin de lui restituer la responsabilité de ses actes, et le « serf arbitre » de Luther qui, suivant à la lettre la formule de Paul : « C'est Dieu qui fait en vous le vouloir et le faire » (Ph 2, 13), en tirait sa doctrine de la « justification par la foi seule », et Calvin celle de la « prédestination ».

Le *Catéchisme* les renvoie dos à dos et, suivant strictement le concile de Trente[28], décide que la liberté de l'homme n'est pas un pouvoir de création, comme le soutenait Pelage, ni pure soumission au pouvoir divin comme chez Luther et Calvin.

24. P. 120.
25. P. 126.
26. P. 99.
27. P. 92.
28. P. 94.

Elle réside dans le choix entre l'acceptation ou le refus du « plan préétabli de Celui qui mène toutes choses au gré de sa volonté[29] ».

Il n'y a en effet pas d'autre réponse au problème de la liberté à partir de l'*extériorité* et de la toute-puissance du Dieu des religions anciennes.

Le « péché » est alors un « abus de la liberté que Dieu donne aux personnes créées[30] ».

Pourquoi l'homme a-t-il fait le mauvais choix de la désobéissance au dessein de Dieu ?

Le *Catéchisme* répond : « le diable a acquis une certaine domination sur l'homme[31] ». Désormais « toute l'histoire de l'humanité est marquée par la faute originelle[32] ».

Par exemple : les structures sociales sont le fruit du péché des hommes[33], l'expression et l'effet des péchés *personnels*[34].

Il y a là un principe universel d'explication et d'acceptation. Commentant fidèlement la thèse de Paul (reprise par le *Catéchisme*) saint Augustin écrivait : « La première cause de l'esclavage est le péché... Cette servitude, rançon du péché, trouve sa place dans l'ordre par cette loi qui commande de conserver l'ordre naturel et défend de le troubler... C'est pourquoi l'Apôtre recommande aux esclaves d'être soumis à leur maître » (*Cité de Dieu* XIX, 15).

Il en est de même pour la guerre : « Dans la mesure où les hommes sont pécheurs le danger de guerre menace[35]. »

Comment alors échapper au péché et à ses conséquences (inégalités sociales croissantes, guerre, etc.) ?

Le concile de Trente (et après lui le *Catéchisme*) a répondu : seuls les sacrements, véhicules de la « grâce », administrés par l'Église, peuvent effacer un péché..., par le baptême tous les péchés sont remis[36].

29. P. 572, citant Ep 1, 9-14.
30. P. 87.
31. P. 92.
32. P. 88.
33. P. 92.
34. P. 393.
35. P. 473.
36. P. 274.

Il faut donc s'en remettre à l'Église, et à l'Église catholique seule. Un chapitre du *Catéchisme* s'intitule « Hors de l'Église point de salut », et explique comment entendre cette affirmation en se référant à la constitution *Lumen Gentium* de Vatican II : « L'Église est catholique... elle porte en elle et administre la plénitude des moyens de salut[37]. »

C'est pourquoi, dans le *Catéchisme*, la partie concernant l'Église occupe plus du cinquième du document. Toujours d'après le concile de Trente, la vérité a trois sources (et non pas une : la Bible seule, comme le prétendait Luther) : « Un catéchisme doit présenter... l'enseignement de l'Écriture sainte, de la Tradition vivante dans l'Église et du Magistère authentique[38]. »

Quant à l'*Écriture* il est précisé : « La charge d'interpréter authentiquement la Parole de Dieu a été confiée au seul Magistère de l'Église, au pape et aux évêques en communion avec lui[39]. »

Quant à la *Tradition* : l'héritage de la foi « contenu dans la Sainte Tradition et dans l'Écriture Sainte a été confié par les apôtres à l'ensemble de l'Église[40] ». « Les fidèles... reçoivent avec docilité les enseignements et directives que leurs pasteurs leur donnent[41]. »

Le *Magistère* de l'Église est donc souverain. « L'Église est le germe et le commencement du Royaume[42]. » Elle est l'héritière du « *peuple élu* » : « Le monde fut créé en vue de l'Église[43]. » « L'Église est à la fois visible et spirituelle, *société hiérarchique* et corps mystique du Christ[44]. » « Le collège ou corps épiscopal n'a d'autorité que s'il est uni au Pontife romain *comme à son chef*[45]. » « Le Christ a doté les pasteurs du charisme d'*infaillibilité* en matière de foi et de mœurs[46]. »

37. P. 190.
38. P. 7.
39. P. 35.
40. P. 32.
41. P. 33.
42. P. 124.
43. P. 167.
44. P. 171.
45. P. 193.
46. P. 184.

Le pape « jouit, par institution divine, du pouvoir suprême, plénier, immédiat, universel pour la charge des âmes[47] ».

Au nom de ce pouvoir absolu du Magistère, le *Catéchisme* rappelle « la doctrine de la foi relative au Purgatoire formulée aux conciles de Florence et de Trente[48] ». « L'enseignement de l'Église affirme l'existence de l'Enfer et son éternité[49]. » Cet Enfer où Jésus est descendu[50].

Ce sont là « des traditions dévotionnelles, non apostoliques », mais pour le dépositaire des secondes, les premières peuvent être « maintenues, modifiées ou aussi abandonnées sous la conduite du Magistère de l'Église[51] ».

Dès lors le pape a plein pouvoir, de droit divin, pour imposer ses vues sur la foi, l'Église et la morale.

Paul VI, dans son Encyclique *Humanae vitae* (en 1968) a imposé ses vues sur le contrôle de la natalité malgré l'écrasante majorité des théologiens consultés. Mais ce n'est là qu'un exemple mineur : le *Catéchisme* donne pour assuré que le pape a priorité sur les conciles[52].

La théologie de la domination de Paul est intégralement codifiée.

Le principe général du paulinisme politique, formulé par Paul, est cité dans toute sa rigueur[53] : « Que tout homme soit soumis aux autorités qui exercent le pouvoir, car il n'y a d'autorité que par Dieu et celles qui existent sont établies par Lui. Ainsi celui qui s'oppose à l'autorité se rebelle contre l'ordre voulu par Dieu, et les rebelles attirent la condamnation sur eux-mêmes » (Rm 13, 1-2).

C'est un leitmotiv : « Ceux qui sont soumis à l'autorité » regarderont leurs supérieurs comme représentatifs de Dieu. « Soyez soumis, à cause du Seigneur, à toute institution humaine[54]. » Caution plénière est donnée à tous les conserva-

47. P. 203.
48. P. 220.
49. P. 221.
50. P. 139.
51. P. 32.
52. P. 193.
53. P. 397.
54. P. 459.

tismes. Et le *Catéchisme* rappelle qu'il appartient à l'Église de porter un jugement moral en des matières qui touchent le domaine politique[55].

La notion de « guerre juste[56] » s'accompagne d'un éloge de l'armée au nom de la « légitime défense » : « L'interdit du meurtre n'abroge pas le droit de mettre hors d'état de nuire un injuste agresseur. La légitime défense est un devoir grave[57]... » Ce qui serait peut-être acceptable si l'on ne s'en remettait pas aux « autorités » politiques pour décider de la « légitimité » de la défense ou de la « justice » de la guerre. (A-t-on jamais vu, au cours de l'histoire, une « autorité politique » qui ne déclare pas « juste » sa guerre et « légitime » sa défense ?)

Appliqué au droit interne, le même principe aboutit à la justification de la peine de mort. Après avoir proclamé[58] que « la vie humaine est sacrée » l'on écrit à la page suivante : « L'enseignement traditionnel de l'Église a reconnu le bien-fondé du droit et du devoir de l'autorité publique légitime de sévir par des peines proportionnées à la gravité du délit, sans exclure, dans des cas d'une extrême gravité, la *peine de mort*. Pour des raisons analogues les détenteurs de l'autorité ont le droit de repousser par les armes les agresseurs de la cité dont ils ont la charge[59]. »

Cette suspension du précepte : « Tu ne tueras point » pour le tribunal ou pour l'armée, cesse d'être valable pour l'embryon. « La vie humaine doit être respectée et protégée de *manière absolue* depuis le moment de la *conception*[60]. »

La vie humaine ne serait donc sacrée « de manière absolue » qu'à l'état spermatique, et seulement de manière conditionnelle pour l'adulte, soldat ou délinquant ?

En ce qui concerne l'avortement l'Église sanctionne d'une manière canonique d'excommunication ce délit contre la vie humaine[61].

55. P. 460.
56. P. 472.
57. P. 474.
58. P. 462.
59. P. 463.
60. P. 464.
61. P. 465.

Pour la régulation des naissances : « Est intrinsèquement mauvaise toute action qui... se proposerait comme but de rendre impossible la procréation[62] » ce qui est une citation d'*Humanae Vitae*[63].

« Le divorce est une offense grave à la loi naturelle... le conjoint remarié se trouve en situation d'adultère public et permanent[64]. » Ce qui implique le refus des sacrements, alors que la course aux armements n'appelle que des « réserves » : « Ce procédé de dissuasion appelle de sévères réserves morales[65]. »

Ce ne sont là que des exemples de ce retour, dans le *Catéchisme* de 1992, au paulinisme politique découlant d'une théologie de la domination et des nostalgies médiévales du concile de Trente.

L'origine de cette orientation c'est la régression, par-delà la rupture de Jésus, vers toutes les conceptions antérieures de Dieu, au Dieu de puissance de l'Ancien Testament. Le christianisme de Paul est un chapitre de l'histoire juive du salut illustrant seulement les prophéties de l'Ancien Testament sans rien ajouter à leur contenu. « Les prophètes et Moïse ont prédit ce qui devait arriver et je ne dis rien de plus » (Ac 26, 22).

Autre manifestation de la victoire actuelle du paulinisme politique : la béatification, le 17 mai 1992, de Mgr Escriva de Balaguer, fondateur de l'Opus Dei, qui siégea à Burgos à côté du général Franco, et qui avait l'habitude, sous sa dictature, de terminer ses sermons par une « prière pour les autorités militaires, politiques et ecclésiales », selon la recommandation de Paul, de faire des prières pour « tous ceux qui détiennent l'autorité » (I Tm 2, 1-2).

Au même moment lorsqu'un coup d'État militaire à Haïti contre le père Aristide rétablissait la terreur des « tontons macoutes », le nonce représentant du Vatican dans l'île était le seul diplomate à reconnaître, au nom du pape, la dictature sanglante, malgré les protestations de l'immense majorité des prêtres du pays.

62. P. 483.
63. P. 16.
64. P. 485.
65. P. 473.

D'une manière plus « mondiale », la revue américaine *Time* révélait qu'une « Sainte Alliance » avait été conclue entre Ronald Reagan et Jean-Paul II, en juin 1982, pour désintégrer le bloc de l'Est à partir de la Pologne grâce à l'appui conjoint, de Rome et Washington, au syndicat Solidarnosc. L'information de *Time* est confirmée par une interview de Reagan lui-même accordée à la revue italienne *Panorama* le 12 mars 1992, où le Président déclare notamment : « Notre but fut, du début à la fin, de nous unir pour vaincre les forces du communisme... Le pape a été d'une grande aide, déterminante, pour soutenir le mouvement Solidarnosc. Lui et moi avions trouvé le commun dénominateur entre les États-Unis et le Vatican en raison de l'unité de nos idéaux[66]. »

Ce choix constantinien de l'autorité et de la puissance *dans l'Église* implique un comportement politique de connivence avec l'autorité et le pouvoir politique *dans le monde*.

Dans le journal chilien *El Mercurio* du 30 mars 1993, sous le titre : « Le pape Jean-Paul II envoie son salut au général Pinochet », est publiée une lettre du cardinal Angelo Sodano, qui fut nonce apostolique au Chili au temps de la dictature et qui est actuellement secrétaire d'État au Vatican. A ce titre, il présidait, en 1992, la conférence de Saint-Domingue, où il étouffa la voix des « théologiens de la libération ».

Dans sa lettre il souligne que « Sa Sainteté garde le souvenir ému de sa rencontre avec les membres de votre famille lors de sa saisissante visite pastorale au Chili ».

Le pape Jean-Paul II, qui semble avoir gardé un souvenir moins ému de la mort du président Allende par le coup d'État sanglant de Pinochet, des tortures et des assassinats qui ont marqué son règne et dont témoigne la découverte des charniers du temps de la dictature, ajoute de sa main, à la lettre du cardinal : « comme gage d'abondantes grâces divines, j'ai le plaisir de vous donner... ma bénédiction apostolique spéciale ».

Option préférentielle pour les pauvres, ou bien pour les pouvoirs, fussent-ils sanglants ?

66. Le conseiller le plus éminent, depuis Kennedy, de la Présidence des États-Unis, M. Brzeczinski, déclare, dans le *Corriere della sera* du 10 mai 1993 : « Si elle veut guider le monde, l'Amérique doit adopter le message éthique du pape Woytila. »

Le *Catéchisme* romain de 1992 est l'expression de la théologie de la domination sur laquelle se fonde cette pratique constantinienne du pouvoir et de la rencontre avec les pouvoirs.

Il ne saurait donc nous aider à donner à nos vies le sens dont elle est privée par le pouvoir spirituel et matériel aujourd'hui régnant dans les structures sociales : le *monothéisme du marché*, et son corollaire : l'*inégalité croissante* entre *les deux moitiés du monde*, la domination des pays industrialisés sur les quatre cinquièmes du monde.

Cette théologie de la domination est en effet destructrice de deux dimensions majeures de l'homme : la personne et l'universel.

La personne et ses responsabilités, son pouvoir de création, par la restauration monarchique et hiérarchique d'une Église où le « peuple de Dieu » n'a d'autre liberté que l'« obéissance à ses pasteurs[67] » qui les prennent en charge sous la conduite du pape qui « jouit, par institution divine, du pouvoir suprême, plénier, immédiat, universel pour la charge des âmes[68] ».

L'universel est également bafoué par une conception exclusivement occidentale de cette Église enracinée dans la seule culture judéo-grecque. Cet ethnocentrisme ne lui permet pas de concevoir que le message de Jésus puisse s'épanouir autrement que comme chapitre final de l'histoire juive, interprété à travers la philosophie grecque, et octroyé par une organisation née des structures hiérarchiques de l'Empire romain. Trois traditions : juive, grecque et romaine, totalement étrangères aux quatre cinquièmes du monde où elle fut importée dans les fourgons du colonialisme, en Amérique latine comme en Afrique ou en Asie.

Dans une telle perspective de domination monarchique et hiérarchique sur les personnes et sur l'univers est non seulement occulté mais inversé le message central de Jésus : le Royaume et l'espérance des pauvres, pour être remplacé par son contraire : le Royaume de David qui en serait la préfiguration.

67. *Catéchisme*, p. 33.
68. *Id.*, p. 203.

L'espérance des pauvres, d'après le ferme appel de Paul (repris par le *Catéchisme*) à l'obéissance à toutes les autorités, recule au profit de l'alliance avec les pouvoirs.

Est-il possible aujourd'hui, au-delà de la théologie de la domination, de retrouver le message libérateur de Jésus ?

II

Quel Dieu ?
Quelle libération ?

1. L'avenir : quel Royaume annonce Jésus ?

Est-il possible, au-delà de la théologie paulinienne intégrant Jésus dans la perspective du messianisme juif, puis, à partir de Constantin, de l'intégration à la philosophie grecque et à l'organisation impériale romaine, de retrouver ne serait-ce que l'esquisse du message originel ?

Il ne s'agit pas d'un problème d'archéologie ou d'érudition théologique, mais d'une orientation décisive de notre pratique quotidienne. L'interprétation de l'Évangile n'est pas seulement une manière de la lire, mais de la vivre.

Jésus apparaît d'abord comme abolissant les mythes anciens des dieux-rois, extérieurs à l'homme et dirigeant son destin.

Cette grande inversion se manifeste dans le sens nouveau du Royaume qu'il annonce.

Le Dieu dont parle Jésus (et dont il parle peu, car il n'emploie guère ce mot, lui préférant celui de Père) est-il ce Dieu de puissance : « Yahvé a fixé son trône dans les cieux ; par-dessus tout sa royauté domine » (Ps 103, 19) ? Lorsque Jésus dit au contraire : « Mon Royaume n'est pas de ce monde » (Jn 18, 36), cela signifie-t-il que ce Royaume est hors de la terre, réfugié dans les cœurs, privatisé, désincarné ? Ou bien seulement « pas encore là », une « cité future » (13, 14), radieuse, dont Paul ne cesse de répéter qu'elle est proche, donc encore située dans le temps, dans *l'avenir* ?

S'il en était ainsi l'on comprendrait mal que Jésus répète avec insistance qu'il ne s'agit pas d'un « après ». Dieu, et donc son royaume, peuvent-ils avoir un « après », ou un « avant » ? Ou bien une éternité qui ne serait pas une rallonge du présent en arrière ou en avant, mais un présent éternel, une éternelle présence ?

C'est la seule réponse possible. Lorsque les « pharisiens » lui demandent : Quand donc vient le Royaume de Dieu ? Il leur répond : « Le règne de Dieu ne vient pas comme un fait observable : on ne dira pas : "le voici" ou "le voilà". En effet le Royaume de Dieu est parmi vous » (Lc 17, 21).

Jésus a annoncé un Royaume qui n'a aucun précédent dans l'histoire juive et qui est en rupture radicale avec le Royaume de David : le Royaume de Dieu est *en vous* et *parmi vous*. Il est la présence de Dieu.

Le « logion » n° 3 de Thomas dit sans équivoque possible : « Le Royaume est à l'intérieur de vous et il est à l'extérieur de vous. Quand vous vous connaîtrez vous-même... vous connaîtrez que vous êtes le fils du Père, le vivant. »

Tel est le message central et radicalement neuf de Jésus : la présence permanente de Dieu. Se connaître ce n'est pas s'enfermer dans une intériorité subjective, dans une prétendue « psychologie des profondeurs », c'est découvrir que le véritable « moi » n'est pas le petit « moi » enfermé dans son sac de peau, mais prise de conscience de son appartenance au tout. Prise de conscience que ce qu'il y a de plus intime en moi, c'est cette présence de Dieu. « Le Royaume de Dieu vient de vous atteindre » (Lc 11, 20 et Mt 12, 28). Dieu est *déjà* là, et son Royaume. Avec le pouvoir de chasser les démons, c'est-à-dire ce qui est mon petit « moi » limité : mes propriétés, mes fonctions, mes désirs, mes pouvoirs.

Telle est la « parousie », mot qui, en grec, veut dire « présence », présence d'aujourd'hui et de toujours et non « retour du Christ à la fin des temps ».

Prendre conscience de cette présence (« être un avec le tout », dit le Tao) exige une radicale inversion, une conversion, une *métanoïa*.

« Le Règne de Dieu est arrivé » (*« engiken »* dit le grec), répète Jésus à deux reprises encore (Lc 10, 8 et 11).

Telle est la grande mutation : il ne s'agit plus d'une attente, mais d'un éveil et d'un dépouillement.

Un dépouillement de tout ce qui nous est « propre » et que résume la « propriété ». Au jeune homme riche qui a respecté tous les commandements de la Loi, Jésus dit : « Une seule chose encore te manque : *tout* ce que tu as... distribue-le aux pauvres... puis viens et suis-moi » (Lc 18, 22). *Tout.* Il en est ainsi de Simon, de Jacques et de Jean : « laissant *tout*, ils le suivirent » (Lc 5, 11). « Quittant *tout*, il se leva et se mit à le suivre » (Lc 5, 28). « Quiconque, parmi vous, *ne renonce pas à tout* ce qui lui appartient ne peut être mon disciple » (Lc 14, 33).

Il ne s'agit plus ici de malédictions contre les riches et leur comportement, comme les prophètes déjà en avaient proférées, mais d'une exigence absolue, mettant en cause la richesse et la propriété, non pas dans leur excès ou leurs abus, mais « en soi », en leur principe même.

Ce dépouillement du petit « moi » est la condition de l'éveil, de la prise de conscience.

Là est la rupture, la brèche, l'arrachement. Même à son père et à sa mère (Lc 14, 26), à l'œil même et à la main (Mt 18, 8-9), l'œil qui convoite et la main qui s'empare. *Tout.*

Des siècles d'édulcoration du message en moralisme douillet ne peuvent effacer la brûlure ni le tranchant du message de celui qui est venu « apporter le feu sur la terre » (Lc 12, 49). « Pas la paix mais le glaive » (Lc 12, 51).

La résurrection est à ce prix. L'éveil à la réalité du Royaume. Un Royaume où l'on entre non par la conquête mais au contraire par la dépossession.

Le Royaume est déjà là où un homme réalise cette totale dépossession. S'il n'est « pas encore » c'est que ce rapport au monde n'est pas encore réalisé en tous. Cette tension entre le « déjà là » de l'éveil personnel à la vie du tout, et le « pas encore » de l'éveil de tous à la vie du tout, est la tragédie optimiste de l'éveil, car de l'éveil de tous chacun de nous est responsable.

Cette vision du Royaume explique le permanent combat de Jésus contre l'extériorité de la Loi et de ses interdits. Guérir un malade ou faucher des épis un jour de sabbat : « Le sabbat est fait pour l'homme et non pas l'homme pour le sabbat » (Mc 2, 27). Un défi à tous les intégrismes. Braver la loi de Moïse sur le divorce (Dt 24 et Mc 10, 11-12) ; passer outre aux purifications rituelles (Lv 11, 15 et Mc 7, 14-23).

Conclure : « Le Christ est l'accomplissement de la loi » (Rm 10, 4) parce que « l'amour est le plein accomplissement de la Loi » (Rm 13, 10) ne paraît pas aller de soi.

Il est vrai que dans le Deutéronome il est dit : « Tu aimeras Dieu de toute ton âme » (6, 5) et dans le Lévitique (19, 18) : « Tu aimeras ton prochain comme toi-même. »

Mais ce dernier commandement ne figure pas dans le Décalogue dicté à Moïse par le Dieu des Armées.

Jésus, ce Dieu sans foudre et sans couronne (sinon la dérision des épines) n'est pas un roi législateur. Jésus n'a pas donné des commandements : il a évoqué des « Béatitudes ». Jésus n'a pas imposé une Loi : il a appelé à l'amour.

Ce n'est pas la Loi mais l'amour qui permet l'accès au Royaume. Au scribe qui a compris cela Jésus dit : « Tu n'es pas loin du Royaume de Dieu » (Mc 12, 34). Ce qui confirme d'ailleurs que la proximité du Royaume n'est pas une question de temps mais de changement de règle de vie.

Lorsqu'un homme lui demande : « Que dois-je faire de bien pour avoir la vie éternelle ? », Jésus lui rappelle cinq des dix commandements. Écartant ce qui est rituel et formel, il en ajoute un qui résume les cinq premiers : « Tu aimeras ton prochain comme toi-même. » « Tout cela, je l'ai observé, dit l'homme. » Alors Jésus lui a demandé la preuve pratique de cet amour : le dépouillement de tous ses biens (Mt 19, 16).

Car c'est par cette voie de la vie seulement qu'on accède au Royaume : ne plus agir comme un individu se tenant pour le centre et la mesure de toute chose, mais agir en fonction du tout, et de l'Un.

L'épisode précédent commence d'ailleurs par une définition de ce qui est « bon », traduite de différentes manières dans les récits évangéliques : Un homme s'adresse à Jésus en l'appelant « bon maître ». Jésus proteste : « Pourquoi m'appelles-tu bon ? Nul n'est bon sinon Dieu seul. » C'est la version de Marc (10, 18) et de Luc (18, 19). Matthieu craignant probablement que Jésus semble nier sa propre divinité, écrit : « Unique est celui qui est bon » (19, 17).

Contre tous les dualismes Jésus proclame : « Le Père et moi

nous sommes un » (Jn 10, 30). Il ne parle pas de Dieu comme d'un être séparé de lui. Il dit : Mon Père, le Père. Ce Père que nous ne pouvons connaître que par l'action qui se révèle en son fils. Le Fils rend visible l'invisible : le Dieu caché.

Il enseigne, en des termes différents, ce qu'enseignaient les sagesses de l'Orient : renoncer aux attachements partiels, au petit « moi », pour laisser émerger en nous le « soi », l'Un, l'homme qui n'est pas séparé de son principe. L'homme cherchant en lui ce qu'il y a de plus intime, de plus personnel, de plus libéré de toute contingence, et découvrant le « soi ». « Tu es cela. » « Je suis Brahman » ; « je suis Bouddha », et, des siècles plus tard : « Le Père et moi nous sommes Un (Jn 10, 30). Ce Père « plus intérieur à moi que moi-même », dira saint Augustin, et plus tard encore el Hallaj : « Je suis Dieu. » « Dieu est en nous... nous sommes en lui et lui en nous » (I Jn 4, 11-12).

Ce retour à l'unité, à l'Un et au tout, est le dénominateur commun de toutes les espérances des sagesses et des religions depuis quatre mille ans. Jésus dit, selon l'Évangile de Thomas : « Je suis le Tout. Le Tout est sorti de moi. Et le Tout est revenu à moi » (Logion 77, 3-5).

L'ethnocentrisme occidental a conduit à enfermer le message de Jésus dans les cadres du messianisme juif, et après Nicée (325), de la philosophie grecque et de l'organisation romaine. Comme si la seule culture possible était celle de l'Occident.

Le message de Jésus, lorsqu'il n'est pas rejudaïsé avec Paul et réhellénisé et romanisé avec Constantin, révèle sa véritable universalité.

L'un des thèmes traditionnellement tenus pour vérités de base en Europe est que la culture occidentale a deux sources : judéo-chrétienne et gréco-romaine. Ce qui repose sur la double croyance en « l'exceptionnalisme juif » et au « miracle grec ».

1. *La légende du « miracle grec ».*

Saint Clément d'Alexandrie déjà tourne en dérision le prétendu exclusivisme de cette culture. Dans ses *Stromates* (I, 15-66-63) il évoque les sources auxquelles ont puisé les Pythagore et les Platon : « Les Prophètes d'Égypte, les

Chaldéens d'Assyrie, les Druides de Gaulle, les Mages de Perse, les Gymnosophistes de l'Inde. »

De « l'annexionisme » de l'Occident témoigne ce qui fut la période la plus créatrice de la théologie chrétienne : celle des Pères que l'on appelle « grecs ». Ils écrivaient en effet en langue grecque mais leur apport le plus constructif ne fut pas d'« helléniser » le christianisme, mais de le féconder à partir des sagesses de l'Orient. Le père Segundo note que « la période patristique résiste encore assez bien aux tendances déséquilibrantes de l'hellénisme[1] ».

Qui sont les Pères « grecs » ?

Tous vivent et méditent au Proche-Orient ou en Égypte, à Alexandrie. Justin († 165) est né à Naplouse, en Palestine ; Irénée « de Lyon » est né à Smyrne et saint Clément est d'Alexandrie († 215), comme Origène ; saint Hilaire de Poitiers est exilé en Orient, où il écrit ses œuvres majeures ; Basile le Grand, Grégoire de Naziance et Grégoire de Nysse sont les « Pères de Cappadoce » (actuelle Turquie) ; Éphrem le Syrien, Cyrille de Jérusalem, Cyrille d'Alexandrie, sont, comme Jean Chrisostome, nés à Antioche (actuelle Syrie). Tous sont des Orientaux, non seulement par la naissance, mais par l'esprit profond avec lequel ils ont vécu l'expérience de la Trinité chrétienne sans la mutiler des dimensions des spiritualités de l'Orient.

Cet héritage oriental, déjà présent chez Plotin, apparaît avec évidence chez ces Pères de l'Église où saint Clément d'Alexandrie, qui connaissait fort bien le bouddhisme, écrit : « Si l'on se connaît soi-même, l'on connaît Dieu, et, connaissant Dieu, l'on devient Dieu » (Pédagogue I, 3).

« Dieu s'est fait homme pour que l'homme puisse devenir Dieu », ne cessent de dire les Pères de l'Orient depuis saint Irénée.

Cette « *théosis* » (divinisation de l'homme) ne doit rien à l'hellénisme, sauf le mot, utilisé en un sens radicalement différent. Car il s'agit d'une participation de l'homme non à la « substance » du Père ou à son « essence », radicalement inaccessible, mais à son « énergie », constamment participable en son perpétuel « épanchement » créateur : « Ce qu'est l'homme,

1. *Qu'est-ce qu'un dogme ?*, *op. cit.*, p. 307.

Je croyais être au service de Dieu.
Mais les desseins divins, au fond des abîmes, qui peut les [comprendre ?
Qui donc, sinon Mardouk, est le maître de la résurrection ?
Vous dont il modela l'argile originelle,
Chantez la gloire de Mardouk[5]. »

Cet ancêtre de Job lui est antérieur de trois siècles.

Une image semblable du Juste souffrant, Daniel (pas celui de la Bible hébraïque) puni par Dieu et ramené par lui sur la terre, se trouve dans les textes ougaritiques de Ras Shamra, dans ce qu'on a pu appeler « la Bible cananéenne », antérieure à celle des Hébreux puisque Ézéchiel cite Daniel à côté de Job (Ez 14, 14 et 20).

Ce sont là des paraboles dont la signification spirituelle ne dépend nullement de la vérification historique.

C'est par exemple le cas de cette grandiose parabole de la résistance à l'oppression et de la libération qu'est le récit de l'Exode, à juste titre au centre de la profession de foi deutéronomique, et type des miracles accomplis par Dieu en faveur de son peuple. Il n'en existe pas la moindre trace historique en dehors du récit exemplaire, et toujours vivant pour nous, du livre de l'Exode. Des 600 000 Hébreux et des 600 chars égyptiens, du pharaon lui-même et de son armée engloutie dans la mer, pas la moindre mention dans les annales égyptiennes. « Les analystes de la cour de d'Égypte, écrit le père de Vaux, n'ont pas fixé le souvenir de cette fuite de groupes sémites qui se dérobaient à la corvée... c'est un événement mineur[6]. » Mineur sans doute en sa réalité historique mais immense par la signification humaine et théologique de ce moment de la libération de l'homme, de cette dimension nouvelle de l'homme s'arrachant divinement à l'esclavage. L'on comprend alors ce « crescendo du merveilleux », comme le dit von Rad, du récit yahviste, avec sa « succession complexe de miracles... pour développer l'événement dans son aspect théologique[7] ».

Il importe peu dès lors, que « le passage de la mer des

5. *Op. cit.*, p. 329 à 341.
6. R. de Vaux, *Histoire ancienne d'Israël*, I, p. 366.
7. Gehrard von Rad, *Théologie de l'Ancien Testament*, tome 1, p. 157.

roseaux ne puisse être considéré comme un événement historique », écrit Mircea Éliade[8], et ne concerne pas l'ensemble des Hébreux, mais quelques groupes de fugitifs. Il est par contre signifiant que la sortie d'Égypte, dans cette version grandiose, ait été « mise en relation avec la célébration de Pâques... revalorisée et intégrée à l'histoire sainte du Yahvisme[9] ».

A partir de 621 av. J.-C. la célébration de l'Exode prend en effet la place d'un vieux rite cananéen de la Pâque au printemps : la fête de la résurrection d'Adonis.

L'Exode devient ainsi l'acte fondateur de la renaissance d'un peuple arraché à l'esclavage par son Dieu.

L'expérience divine de cet arrachement de l'homme à ses servitudes anciennes se retrouve dans les peuples les plus divers : par exemple la longue errance, au XIIIe siècle, de la tribu aztèque *mexica*. Après plus d'un siècle d'épreuves, la tribu arrive dans la vallée sous la conduite de son Dieu qui lui ouvre la voie là où nulle route n'était jusque-là tracée.

Il en est de même des voyages initiatiques vers la liberté du « Kaïdara » africain.

La fixation au sol de tribus nomades ou errantes est liée chez tous les peuples — en particulier au Moyen-Orient — à la donation de la terre promise par un Dieu.

La lecture des textes sacrés du Moyen-Orient nous montre que tous les peuples y ont reçu des promesses semblables de leur Dieu leur promettant la terre, de la Mésopotamie à l'Égypte, en passant par les Hittites.

En Égypte, sur la stèle de Karnak, dressée par Toutmosis III (entre 1480 et 1475 av. J.-C.) pour célébrer les victoires qu'il avait accumulées sur la route de Gaza, Megiddo, Qadesh, et jusqu'à Karkemish (sur l'Euphrate), le Dieu déclare : « Je t'assigne, par décret, la terre de long en large. Je suis venu et je te donne d'écraser la terre d'Occident. »

A l'autre bout du « croissant fertile », en Mésopotamie, dans la sixième tablette du Poème babylonien de la création, le Dieu Mardouk « fixe à chacun son lot » (verset 46), et pour sceller l'Alliance ordonne de construire Babylone et son temple.

8. Mircea Éliade, *Histoire des croyances et des idées religieuses*, tome 1, p. 190.
9. *Id., ibid.*, p. 191.

Entre les deux, les Hittites chantent à Arinna, la déesse solaire :

« Tu veilles sur la sécurité des cieux et de la terre
Tu établis les frontières du pays[10]. »

Si les Hébreux n'avaient pas reçu une telle promesse, alors ils constitueraient vraiment une exception !

De tels mythes jalonnent le chemin de l'humanisation et de la divinisation de l'homme dans toutes les civilisations. Celui du Déluge, par lequel Dieu punit les fautes des hommes et recommence sa création, se retrouve dans toutes les civilisations, depuis le Gilgamesh mésopotamien jusqu'au Popol vuh des Mayas-Quitchès du Guatemala (Ire partie, chap. 3).

Les hymnes de louange à Dieu naissent dans toutes les religions, comme les psaumes en l'honneur de Pachamama, la déesse Mère, ou du Dieu des Incas, Viracocha, racines de l'être,

« Dieu toujours proche...
qui crée en disant :
que le jour soit !
que la nuit soit !
que l'homme soit !
que la femme soit !
Viracocha, Seigneur lumineux
Dieu qui fait être et qui fait mourir...
toi qui renouvelles la création
garde ta créature
de longs jours
pour qu'elle puisse
se parfaire
... marchant sur la route droite. »

Si un préjugé ethnocentrique n'y faisait obstacle, pourquoi sur ces textes sacrés, qui sont, pour chaque peuple, leur « Ancien Testament », ne déploie-t-on pas une réflexion théologique sur les moments de la découverte du sens de la vie ?

Alors seulement le message de la vie et des paroles de Jésus atteindraient la véritable universalité : elles seraient enracinées dans toutes les expériences vécues du divin, et non pas étriquées et même étouffées par une tradition unilatérale. La vie propre

10. Dans *Les religions du Proche-Orient*, par René Labet, 1970, p. 100.

de Jésus, sa vision radicalement nouvelle du Royaume de Dieu, non plus porté par la puissance des grands mais par l'espérance des pauvres, ne serait plus gommées au profit d'un schéma historique allant seulement des promesses de victoire faites à un peuple jusqu'à leur accomplissement.

Pendant vingt siècles, le christianisme n'a été formulé qu'à partir de l'expérience de ce petit îlot humain d'une demi-Méditerranée, de la Palestine à la Grèce et à Rome, comme un mélange du judaïsme réformé par Paul, de la philosophie grecque, et de l'organisation impériale romaine.

La théologie a besoin d'une révolution copernicienne par laquelle la foi cesserait de graviter autour du petit monde judéo-chrétien, avec la prétention d'une colonisation idéologique du reste de l'univers.

Si l'on prend conscience, comme l'écrit le père Segundo, que « Dieu ne se révèle que dans, par et pour l'humanisation de l'homme qui cherche à donner un sens à son existence[11] », si la tâche de la théologie est « d'aider l'homme à être homme en lui parlant de Dieu de manière signifiante[12] », nous ne pouvons nous contenter d'avoir pour interlocuteurs l'Ancien Testament, malgré les grandioses méditations des prophètes hébreux, et la Grèce, malgré la richesse de ses penseurs (surtout si l'on y inclut ceux qui furent pénétrés par les sagesses de l'Orient comme les « présocratiques », ou les Pères de l'Église d'Orient, abusivement appelés « Pères grecs »).

Une réflexion théologique vraiment universelle sur ces grands moments de la « réalisation de l'homme », de la prise de conscience, à travers d'autres sagesses et d'autres religions, des dimensions toujours nouvelles de l'homme, exige que l'on fasse pour d'autres civilisations ce qui a été fait par von Rad pour la théologie de l'Ancien Testament, ou par le père Laberthonière dans sa critique théologique de l'idéalisme grec.

Une compréhension plénière du message de Jésus sur « le Royaume » exige que nous le séparions radicalement des conno-

11. J.L. Segundo, *Qu'est-ce qu'un dogme ?*, *op. cit.*, p. 339.

12. *Ibidem.* Une illustration de cet effort dans le livre de Torrès Queiruga, *La revelación de Dios en la realización del hombre*.

tations antérieures de ce mot dans les traditions juives et grecques, afin de le lire et le vivre dans une perspective universelle à partir d'autres sagesses, par exemple celles de l'Orient, du Tao ou des Upanishads.

C'est un cas particulier d'une vérité plus générale : si le christianisme révèle une vérité *universelle* il doit avoir ses racines dans l'expérience de tous les peuples, germer de ces expériences, et se dire en leur langage.

Durant cinq siècles de règne sans partage du colonialisme religieux, qui consistait à imposer le christianisme à trois continents dans les formes culturelles qu'il avait revêtues en Occident, cette religion était présentée comme si Dieu ne s'était pas fait homme : il s'était fait occidental.

Le rapport à Dieu serait plus aisé à expérimenter si, nous déprenant d'une culture uniquement judéo-grecque, nous approchions de l'unité trinitaire du Père et du Fils après avoir vécu selon l'exemple du père Pannikar « l'advaïta » vedantin du « Soi » et du « Moi » dans les Upanishades et les méditations de Çankara. Ou encore avoir écouté les Soufis comme ibn Arabi qui voient en Jésus « le sceau de la sainteté », celui dont la vie nous révèle, par sa soumission inconditionnelle à Dieu, tout ce qui peut être visible du Dieu invisible, transcendant. De ce Dieu dont Ruzbehan de Shiraz disait : « Avant que n'existent les mondes et le devenir des mondes, le Soi éternel était l'unité de l'amour, de l'amant et de l'aimé[13] »... « l'amour pour un être humain étant l'échelle de l'amour pour l'Être divin[14] ».

Même si certains missionnaires, comme les premiers jésuites venus en Chine, n'hésitaient pas à traduire l'ouverture de l'Évangile de Jean par : « Au commencement était le Tao... » Même si d'autres missionnaires, au Maghreb, avec le père de Foucauld, en Afrique avec le père Lammens et sa *Philosophie bantoue*, en Malaisie avec le pasteur Maurice Leenhardt et son *Do Kamo*, avaient su percevoir les richesses spirituelles des religions autochtones, ils avaient la certitude qu'ils étaient porteurs

13. Ruzbehan de Shiraz, *Le jardin des fidèles d'amour*, traduction Corbin, Éd. Verdier, 1991, p. 265.
14. *Ibidem*, p. 172.

d'une vérité absolue, achevée. Dès lors ils ne pouvaient interpréter les croyances des peuples qu'à partir des coordonnées occcidentales de leur religion, c'est-à-dire les « situer » sur la trajectoire d'une histoire linéaire.

Des efforts ont été faits par des chrétiens d'Europe pour rompre avec l'ethnocentrisme occidental et décoloniser le christianisme.

En ce qui concerne l'islam, depuis Ramon Lull dans ses *Dialogues du gentil et des trois sages* et le cardinal de Cues dans sa *Cribratio alchorani*, jusqu'à l'étude d'ibn Arabi dans *L'islam christianisé* du père Asin Palacios, ou la *Passion de 'al Hallaj* de Massignon, les œuvres de René Guénon, de Henri Corbin et celle du Japonais Isutzu, les travaux du père Bassetti-Sano, pour ne citer que quelques-uns des chrétiens, un effort fraternel a été fait pour vivre l'islam du dedans, à partir de lui-même.

Pour l'Inde, pays des plus vieilles et des plus hautes spiritualités, s'est développée la merveilleuse lignée de ceux qui, depuis le père Monchanin, *Mystique de l'Inde, mystère chrétien*, le père Le Saux avec sa *Rencontre de l'hindouïsme et du christianisme*, et plus encore aujourd'hui avec l'œuvre entière du père Ramon Pannikar et son livre culminant *La Trinidad y la experiencia religiosa*[15] ont tenté de vivre « du dedans » la première sagesse de l'histoire.

Un effort orienté dans le même sens pour vivre du dedans l'expérience japonaise du divin est fait à Tokyo autour du père Riveira, s.j.

Les commencements de la « décolonisation » ont permis à des théologiens du Tiers Monde de mettre en cause ces prétentions.

Pour l'Amérique latine, parmi les théologiens de la libération, l'on conteste la tendance à faire des théologies et des Églises latino-américaines des « appendices de l'histoire des missions » (Enrico Dussel). Les théologies de la libération, à l'inverse des théologies de la domination importées par les colonisateurs, prennent en compte non seulement les conditions sociales de dépendance et de misère des peuples auxquels

15. Raimundo Pannikar, *La Trinidad y la experiencia religiosa*, Éd. Obelisco, Barcelone, 1989, p. 23.

s'adresse le message, mais aussi des cultures et des grandioses visions du monde qui s'étaient épanouies en Amérindie, notamment chez les Mayas et les Incas, avant que les envahisseurs occidentaux en détruisent, en méprisent ou en ignorent les plus hauts témoignages.

Même prise de conscience en Afrique. En 1977, en Côte-d'Ivoire, sous la présidence de l'archevêque d'Abidjan, Mgr Yago, s'est tenue une Conférence des théologiens chrétiens d'Afrique noire : Civilisation noire et Église catholique[16].

Le père Jean-Marc Ela, au nom de l'universalisme chrétien, rappelle que « la culture judéo-méditerranéenne qui a jusqu'ici véhiculé le christianisme n'est qu'une culture parmi d'autres... Catholique n'est pas synonyme de romain ».

Cette volonté de décoloniser la foi et de relativiser la culture occidentale pour sauver les valeurs universelles du christianisme s'exprime avec force dans le livre d'un jésuite du Cameroun, le père Hegba, *Emancipation d'Églises sous tutelles* : « Le christianisme n'est pas une religion occidentale, mais une religion orientale monopolisée par l'Occident qui lui a imprimé la marque indélébile de sa philosophie, de son droit, de sa culture, et qui se présente désormais ainsi aux autres peuples du monde. Il nous revient d'imprimer notre marque indélébile sur la même religion, en n'élevant plus au rang de révélation divine la philosophie aristotélico-thomiste, la pensée protestante germanique ou anglo-saxonne, ou les formes de pensée et les coutumes gauloises, gréco-romaines, lusitaniennes, espagnoles, ou allemandes, qui ont été christianisées sinon sacralisées par l'Europe. »

Le père Osana tire les conclusions des déclarations de Mgr Zoa, évêque de Yaoundé : « Nous sommes les héritiers légitimes des religions africaines traditionnelles qui ont préparé l'homme africain, autant qu'aucune autre, à l'avènement de Jésus-Christ. Elles ont un rôle comparable à celui de l'Ancien Testament. »

Aujourd'hui la méditation nouvelle sur l'unité transcendantale des sagesses et des religions du monde est indispensable pour fonder un « œcuménisme » qui ne se limite plus aux

16. Présence africaine, 1978.

seules confessions chrétiennes, mais qui s'ouvre aux apports des cultures et de la foi de tous les peuples pour l'avènement de l'homme total.

Convoquer ainsi toutes les spiritualités du monde pour une relecture du message de Jésus, n'a rien à voir avec l'éclectisme ou le syncrétisme. Il s'agit de dégager, au-delà de notre propre culture, les constantes universelles qui nous initient à une vie planétaire et nous font prendre conscience de la spécificité du témoignage de Jésus sur le Royaume.

Jésus n'est pas venu seulement pour *accomplir* les promesses d'une Écriture ancienne. Il est venu pour répondre à l'interrogation majeure de tous les hommes sur le sens de la vie et de la mort.

Cette réponse n'est pas le privilège exclusif d'un « peuple élu », qu'il s'agisse des Hébreux ou de l'Occident.

Qu'importe ce qu'un homme dit de sa foi. Ce qui importe est ce que cette foi fait de cet homme. Si l'on se dégage des œillères de l'« Occident » l'on s'aperçoit qu'en d'autres civilisations et à travers d'autres cultures, des « porte-Dieu » ont formulé autrement le même message.

L'on ne peut qu'être saisi par la convergence avec le message de Jésus, lorsqu'il n'est plus reconstruit à partir de projections de l'Ancien Testament, mais revécu en consonance avec les plus hautes sagesses de l'Asie.

Les thèmes clés de ce message, tel que celui du Royaume, à la lumière des spiritualités de l'Orient, révèlent leur sens profond. Dans cette perspective plus vaste, qui déborde les frontières de l'Empire romain, les limites de « l'Occident », la Résurrection révèle sa signification spirituelle la plus intime.

Le Royaume, en rupture radicale avec la tradition du messianisme juif, ne s'inscrit plus dans l'espace et le temps. Jésus affirme sans équivoque possible que le Royaume est « en nous » et « déjà là autour de nous », parce qu'il n'est pas la récompense d'une conquête, à la manière du Royaume de David, ni même l'avènement d'un autre Messie descendu du ciel.

Il est le fruit d'abord de notre libération intérieure, de notre totale dé*possession*, non seulement de toute richesse, mais de tous les autres conditionnements de nos désirs, de nos préjugés, de toutes les aliénations de l'avoir, du savoir et du pouvoir.

Le petit « moi » s'efface et laisse place au Tout et à l'Un, à ce que les Upanishads appellent le « Soi », et les disciples de Jésus : « Ce n'est plus moi, c'est le Christ qui vit en moi » (Gal 2, 20) ; « Vous en moi et moi en vous » (Jn 14, 20).

Cet avenir nous est ouvert non par un retour à la vie terrestre, il y a deux mille ans, d'un Jésus qui n'aurait été crucifié qu'un jour. Mais parce qu'il est crucifié tous les jours, chaque fois qu'un homme est écrasé par un destin, et qu'il ressuscite chaque fois que ce destin est à son tour brisé.

Jésus, par sa mort, sa vraie mort, nous a sauvés de la peur de la mort. Il a ouvert la voie à notre propre résurrection.

Le drame qui nous ferait perdre le sens du scandale de cette incarnation du divin en l'homme, est que nous nous méprenions à tel point sur le sens du message que nous fassions de Dieu un *être* tout-puissant et beau, au-dessus de nous et en dehors de nous, « de la même substance » que les anciens dieux de l'Olympe ou des armées, et non le démuni absolu, un homme sans pouvoir, vivant de nos misères et mourant de notre mort.

Le messager unique nous annonçait que tous les dieux, celui même que nous avons cru longtemps le nôtre, étaient morts. Que nous ne pouvions plus attendre d'interventions extérieures postulant que le Royaume est au-dessus de nous, avec un Seigneur étranger qui aurait une fois pour toutes créé le monde avant nous et sans nous, si bien que ce serait un sacrilège de prétendre en changer l'ordonnance. Le messager n'était pas envoyé d'un royaume lointain, ni comme un Sauveur nous apportant un salut du dehors.

Le messager est venu les mains vides, meurtri, non pour se pencher sur les pauvres mais devenir l'un d'eux, éprouvant avec eux l'injustice des forts, l'impuissance des faibles, l'urgence de la mort (Mc 14, 34).

L'indépassable mort de l'individu isolé. Elle n'a de sens que pour celui qui est un avec le tout, feu éternellement vivant et créateur malgré l'effacement, dans la nuit, des étincelles passagères.

Le serviteur souffrant si semblable à nous que devant la mort il en a éprouvé l'angoisse et l'abandon du Père, celui-là seul peut nous aider. Par sa douleur si humaine qu'elle nous appelle à lui donner la vie. Cette offrande inoubliable et inexorable, inextinguible, « en mémoire de lui », qui avec nous a partagé le pain et versé le sang, est, depuis des siècles, sa véritable résurrection et sa vie éternelle. « Le Dieu qui nous laisse vivre dans le monde, sans l'hypothèse de travail Dieu, est celui devant qui nous nous tenons constamment. Devant Dieu et avec Dieu, nous vivons sans Dieu. Dieu se laisse déloger du monde et clouer sur la croix », écrit le pasteur Bonhoeffer, à la veille de son exécution dans un camp nazi. « Dieu est impuissant et faible dans le monde et ainsi seulement il est avec nous et il nous aide. Le Dieu qui est avec nous est celui qui nous abandonne[17]. »

Jésus ne nous aide pas par la puissance, mais par sa faiblesse et son total dépouillement.

Nous n'avons que faire du « Seigneur ». C'est un nom trop sali par les seigneuries de la terre qui aimaient bien un Dieu à leur image : un Dieu maître du monde et un homme serf de Dieu par procuration. Il ne pourrait nous faire croire qu'à une résurrection truquée, trichée, victoire posthume d'un faux Dieu n'ayant fait que semblant d'être un vrai homme, sans participation totale à notre sort.

Si Jésus était ressuscité corporellement, il nous aurait donné une fausse idée de la vie véritable. La vie proprement humaine n'est pas seulement biologique. Elle est celle de notre relation aux autres et au tout. Chacun de nos actes, d'amour ou de haine, d'humiliation de l'autre ou de sacrifice à l'autre, s'inscrit, et pour toujours, en meurtrissant un homme qui va se refermer sur lui-même, ou au contraire en l'ouvrant par amour pur à une vie plus haute, dans la vie totale de l'humain, dans la « communion des saints ».

La résurrection et la mort sont des moments complémentaires de la vie universelle. César, Hitler, ou nos actuels « fossoyeurs », y sont les pesanteurs de la mort, comme Jésus, présent en notre vie comme dans celle des pèlerins d'Emmaüs, est l'appel à la quotidienne levée de la résurrection

Sa vie éternelle vit en nous, et sa résurrection est chaque jour là où un être humain entend son appel à aimer comme lui le

17. *Résistance et soumission*, p. 162, lettre du 16 juillet 1944.

plus petit d'entre nous. Aucune force extérieure à ce monde ne peut le faire sans nous. Car sa mort n'était point factice. Sans quoi elle ne nous aurait point investi de cette irrécusable responsabilité : « Ce que vous ferez aux plus démunis d'entre vous... » Dernier geste appelant à poursuivre son œuvre, dernier geste de ces bras dénoués et figés par la mort pour l'accueil infini.

Pas le geste du Seigneur, du Souverain *(Pantocrator)* qui bénit pour « accorder sa grâce » ou qui ordonne et foudroie, mais le geste du serviteur souffrant qui accueille la mort comme il accueillait la vie de ses frères souffrants, comme lui fils de l'homme.

C'est par sa mort qu'il est pleinement divin, par ce défi à la mort. « Mort quelle est ta victoire ? »

La mort n'est pas plus la négation de la vie que ne sont les autres morts parcellaires des pires infirmités, des pires injustices, qui peuvent être combattues, comme il a combattu en refusant à César ce qui n'appartenait pas à César : l'indomptable foi dans la relativité des César, cette foi qui l'a conduit, inflexible, au procès contre les puissances, celles du Sanhédrin comme du Préfet de Rome, et le fit condamner à mort.

La mort, comme un autre nom de la vie, de la vie éternellement vivante du Tout, lorsque la parcelle et l'étincelle ont conscience de lui appartenir et de s'y donner tout entière pour laisser place à de nouvelles créations, à de nouvelles rédemptions.

La pire infidélité à Jésus, au message et au messager, serait de le replacer dans le droit commun des anciens dieux, puissants et vainqueurs, à leurs promesses de donner la victoire à notre obéissance et la défaite à notre désobéissance, à un ordre venu d'en haut, donné sans nous, et nous ôtant ainsi toute responsabilité, pour nous soumettre à la dialectique servile de la récompense et du châtiment, de la carotte et du bâton.

Dieu est mort en Jésus, comme l'écrit le père Cardonnel.

Le Dieu des théismes anciens, tout-puissants et si beaux. Le Dieu des armées qui donne la victoire aux élus de son choix. Ou l'assemblée des Dieux qui décide, au-dessus des remparts de Troie, du triomphe d'Achille ou de l'humiliation d'Hector.

Dieu est mort en Jésus.

Mort, le Dieu jaloux, jaloux des autres dieux et jaloux de l'homme comme s'il était son rival chaque fois qu'il se lève pour exercer sa totale responsabilité.

Jésus seul a assumé, jusqu'à la potence de la Croix, cette responsabilité d'être homme jusqu'au bout. C'est ainsi seulement qu'il a défatalisé l'histoire soustraite au joug des anciens dieux jaloux comme celui qui enchaînait Prométhée aux rochers du Caucase. Prométhée coupable, comme Jésus, d'avoir servi les hommes, en voulant les libérer du destin, d'une loi décrétée du dehors par les dieux.

Regardons ce visage tuméfié par les flagellations et les coups : « Voici l'homme ! » Il n'en est point d'autre ni de plus grand.

Ses stigmates ne sont pas encore cicatrisés puisque saint François en fut encore transpercé. Sa Croix est toujours debout et gardée par les mêmes ennemis. Et son angoisse demeure puisqu'une fois de plus, comme au temps de Tibère, nous sommes menacés par la décadence d'un empire, d'une civilisation moribonde et par la puissance de mort qu'ils détiennent encore.

Avoir foi en la résurrection ce n'est pas croire en un miracle de la puissance de Yahveh qui se serait produit une seule fois, comme un événement du passé. Pas davantage en une métamorphose de Jésus crucifié, donnant l'exemple sans précédent du dépouillement de toute richesse et de tout pouvoir, en un fils de roi, héritier de David, dont la vie, en tous ses détails, aurait été prévue par une religion antérieure[18] et disposant, à la manière des dieux anciens, des pleins pouvoirs lors d'un retour glorieux éclipsant les misères de sa première venue.

Avoir foi en la résurrection, c'est faire l'expérience que le crucifié est vivant et source de vie[19].

C'est une expérience historique dont témoignèrent, par le don de leur vie, des milliers de martyrs qui refusèrent de reconnaître la divinité des empereurs romains, de Néron à Domitien.

C'est un témoignage historique plus fort que celui des

18. « Les prophètes et Moïse ont prédit ce qui devait arriver et je ne dis rien de plus » (Ac 26, 22).

19. Xavier Léon-Dufour, *Résurrection de Jésus et message pascal*, Éd. du Seuil, 1971.

vantardises de Jules César dans sa *Guerre des Gaules*, car le leur vit encore dans nos vies et les change.

La rencontre du Crucifié vivant a changé pendant des siècles des millions de vie, et jamais pour les appeler de la pauvreté à la puissance mais au contraire de la richesse au renoncement, et du non-sens au sens : elle a fait, du riche drapier d'Assise, saint François, le « poverello » ; de la belle et frivole aristocrate d'Avila, la sainte Thérèse du dépouillement des carmels ; et, plus près de nous, du fils à « papa » héritier d'opulents soyeux de Lyon, l'abbé Pierre, ou d'un petit prêtre fascisant du Brésil, un Dom Helder Camara, dénonçant la violence institutionnelle des pouvoirs établis et donnant un visage à l'espérance des humiliés et des offensés.

Ceux-là, parmi des millions d'autres, ont été et sont la preuve que Jésus est vivant et donneur de vie, inverseur de destin, la preuve de la résurrection de Jésus et de la résurrection offerte à tous.

Ils ont libéré la parole de Dieu des anciens langages ; des langages émouvants de ceux qui exprimaient l'expérience ineffable de ce bouleversement radical de leur vie à travers les images grandioses de la vision d'Ézéchiel (Ez 37, 1-14) où les ossements desséchés se recouvrent de chair, ou d'un Dieu qui apparaît et disparaît à son gré comme dans les textes qui leur étaient les plus proches (Gn 18 ; Nb 12, 5 ; Jos 5, 13, etc.).

Qu'ajouterait à la certitude de cette présence, qui arrache au non-sens une vie entière, une enquête pour savoir si les saintes femmes ne se sont pas trompées de tombeau, ou pour rechercher ailleurs le cadavre volé par la profanation de la tombe ?

Nul de ceux qui ont fait la rencontre de Jésus vivant n'a besoin de fortifier sa foi par la « preuve » d'un tombeau vide. Et pas davantage par celle d'« apparitions » en chair et en os, d'un Jésus qui vit en eux de sa plus irrécusable vie : elle a dispersé les feux follets des désirs partiels pour les faire vivre de la vie du tout : avoir mal non plus à ses propres jambes ou à son estomac, mais au système entier qui engendre et accroît chaque jour l'inégalité et l'exclusion.

« Le développement, tel qu'il a débuté avec la révolution industrielle... a assuré, depuis deux siècles, un accroissement continu de la *richesse* et de la *puissance* des nations industrielles, ... mise en œuvre des deux ambitions que le Christ a le plus fortement condamnées[20]. »

Se mettre debout pour participer à la « levée » de Jésus, c'est la résurrection dont le monde a aujourd'hui plus que jamais besoin, car lorsque déjà les quatre cinquièmes du monde sont condamnés à cette exclusion par la puissance d'un seul, et que l'inégalité ne cesse de croître, il ne s'agit plus d'une « crise » du système, mais d'une « impasse » au fond de laquelle il y a la mort.

Dans le combat contre les nouveaux César, Jésus nous appelle à ne pas fléchir, non par une promesse mais par l'appel à affronter l'impossible, jusqu'à la mort.

Comment s'opère cette sortie du temps et de la mort ? Non point par une intervention extérieure, comme la résurrection de Lazare, qui n'a rien à voir avec celle de Jésus puisque Lazare retournera à la mort (toujours dans le temps). Non point par un miracle où l'on serait sauvé comme un noyé qu'un ami retire de l'eau : lorsqu'à Jésus est attribué un miracle, il ne cesse de rappeler : « Ta foi t'a sauvé » (Mt 9, 22 ; 20, 34 ; Mc 4, 15 ; Lc 8, 24 ; 7, 48 ; 18, 42-43 ; 7, 50 ; 17, 19, etc.).

Le chemin est celui d'une transformation de soi, de cette dépossession qui fait en nous le vide du partiel pour laisser place au tout et vivre en fonction de l'Un : « Si vous ne jeûnez pas au monde vous ne trouverez pas le Royaume » (Ts 27).

Cette exigence est de toujours : « Ce que vous attendez est venu, mais vous, vous ne le connaissez pas » (Ts 51). Elle est libératrice car elle nous rend pleinement responsables de ce retour à l'Un : Jésus a dit : « lorsque vous faites de deux Un, vous devenez Fils de l'Homme » (Ts 106).

Cette victoire du Tout sur le partiel, de l'un sur les visées de notre petit moi, ce vide qui seul permet l'irruption du divin en nous, c'est la voie unique désignée, à travers des cultures diverses, par toutes les sagesses du monde.

Maître Eckhart écrivait, dans son traité *Du détachement* : « Être vide de toutes les créatures, c'est être rempli de

20. François de Ravignan, *L'Économie à l'épreuve de l'Évangile*, Éd. du Cerf, 1992.

Dieu, et être rempli de toutes les créatures, c'est être vide de Dieu. »

Le non-être et le non-agir, pour laisser en nous déferler le Tao : « Quand l'esprit humain... est complètement vide et calme, il est un miroir pur et net, capable de mirer l'essence ineffable du Principe lui-même » (Lao-Tseu, *Tao te King*, 2).

« Tous les êtres et moi-même sommes un dans l'origine. Tous les êtres sont un tout immense. Celui qui est uni à cette unité jusqu'à avoir perdu le sens de son "moi"... aucune vicissitude ne peut lui porter atteinte » (Tchouang-Tseu, II, E).

« Supposons un homme entièrement absorbé par l'immense giration cosmique, et se mouvant avec elle, celui-là ne dépend plus de rien. Il est parfaitement libre car sa personne et son action seront unies à la personne et à l'action du grand Tout... Le surhomme n'a pas de "moi" propre, pas d'action propre, pas *même* de nom propre. Car *il est Un avec le tout* » (Tchouang Tseu, I, C).

La voie est semblable dans les Upanishads : « Lorsqu'on est sans désir on devient limpide jusqu'à la racine. On aperçoit alors la majesté du Soi. Le "Soi" immense qui pénètre tout... Seigneur de ce qui fut et de ce qui sera... il est l'éternité des choses passagères. »

C'est l'enseignement de la divine Bhagavad Gita : « L'homme qui, abandonnant tous ses désirs, va, libre d'attachement, et ne dit plus "c'est moi", ni "je", celui-là accède à la paix... » « Me dédiant à moi, le Dieu Vishnou, toutes les actions, affranchi de tout désir de puissance, comme de tout esprit de possession, ta fièvre apaisée, combats. »

Il n'est pas indifférent de dire que Jésus est Dieu, selon la conception traditionnelle de Dieu, c'est-à-dire du créateur souverain — Seigneur des mondes comme le prouverait le triomphe de la résurrection —, ou de dire que Jésus, par sa vie et sa mort, nous a révélé tout ce que nous pouvons voir et connaître du dieu invisible et inconnaissable, parce que transcendant, sans commune mesure avec nous. La théologie négative reconnaissait humblement qu'elle peut seulement nous dire ce que Dieu n'est pas, en particulier qu'il n'*est pas* au sens où les êtres *sont*. Une active présence, irréductible à ce que peuvent atteindre notre vue ou nos sens, nos mots et nos concepts.

Une présence en nous de ce qui n'est pas nous. Pas d'un être, mais d'un appel à être, donc à créer. Cette liberté joyeuse et sans preuve, et cette certitude, sans preuve non plus, de n'être qu'une facette, un scintillement provisoire d'un océan qui nous contient, nous dépasse, et nous appelle comme notre « milieu divin ».

Cette trinité vécue de nos trois dimensions : cosmique, communautaire, divine, par notre participation à l'univers avec ses foudres, aux autres avec leur folie, au divin avec ses nuits obscures, est la trame de notre vie d'homme. Jésus nous a révélé tout ce que peut être un homme comme lui inséminé de divin, c'est-à-dire habité par la présence du tout et conscient de n'exister que par sa relation à l'autre et au tout.

Qu'est-ce que cela change dans notre vie personnelle et dans l'histoire ?

— Pour notre vie propre : passer de l'individu à la personne.

Nous faire prendre conscience que nous ne sommes pas à l'image d'un atome, isolé en sa suffisance, mais que nous n'existons que par notre relation aux autres et au Tout. Et qu'ainsi seulement peut se vaincre la mort.

Si je ne suis qu'un atome, un individu enfermé dans mon sac de peau, avec mes titres honorifiques ou bancaires, mes voitures et mes ambitions, quand le sac de peau tombe en poussière avec ses « avoirs », la mort est une faillite totale. L'individualisme crée la peur de la mort.

Mais la *Vie* que l'on peut « perdre » n'est pas la Vie. Elle est seulement la vie de l'individu, cette narcissique facette de la vie totale. Avec l'illusion de se complaire et de s'accomplir dans son isolement et ses possessions. A la mort cette illusion s'effondre dans les tourments du naufrage où je vais tout quitter, où tout va me quitter.

Autre est la vie de Jésus et la vie selon Jésus : il a tout donné, rien ne lui appartient, qu'est-ce que la mort pourrait lui prendre ?

Qui a tout donné (comme Jésus) est élevé « au-dessus du temps », écrit Maître Eckhart (Sermon 5 a). Tout donner, seule relation qui nous lie aux autres, à tous les autres, au tout et au sens, que l'on appelle Dieu. Cette relation constitue notre vie la plus vraie, qui s'appelle l'amour. Maître Eckhart encore :

« Dans l'amour que l'on donne, il n'y a pas deux mais un. Ce que l'homme aime, il le devient par l'amour. Quand l'homme aime Dieu, il devient Dieu » (Sermon 5 a). Aimer Dieu, Jésus nous l'a enseigné, c'est aimer les autres, tous les autres. Cet amour est don, abandon, sacrifice, dépouillement. La nudité divine de la Croix où la mort n'a plus rien à prendre : deux soldats dérisoires peuvent seulement jouer aux dés les vêtements, comme les déjà morts, les gens de propriété, se disputent les héritages, et les « avoirs », ce qu'ils appellent des « biens » sans voir que leur accumulation rendra plus terrifiante la mort qui les en sépare : de chaque « attachement » elle fera un « arrachement ».

La vie n'est pas cette petite et fausse vie, entassements de choses et de mouvements qui sont l'étoffe du temps et nous coupent de la vie totale. Le temps tissé par tout ce que l'on peut programmer par Minitel : la location du tire-fesses à Courchevel et la réservation du charter d'été pour le Club Med, la fiche de pointage à l'entreprise, la calculette pour le supermarché, la programmation de la vidéo, la date optima pour changer la voiture, la liste, en un mot, de ce qui fait la trame du temps. Ce qui en fait la grille : toutes les images de la vie que la télé m'empêche de voir, tous les parfums d'humus ou d'océan, que le pétrole et le tabac m'empêchent de sentir ; toutes les rumeurs des vents et des gens qui m'entourent, et peut-être leur bonheur de se dire, dont me coupe le walkman des foules solitaires en m'enfermant dans sa cage sonore avec la danse de Saint-Guy du rythme binaire suggéré à mes pieds et au claquement de mes doigts.

Nous voilà « branchés », branchés sur la plus fausse vie des colts, des flics, des tags, des pubs. Robots télécommandés branchés sur la cage du temps. Cette fausse vie n'est pas simplement celle de « notre temps ». Elle est celle du temps. De l'histoire (du moins de celle qu'on nous enseigne à l'école, dans les journaux et la télé). L'histoire faite sans l'homme, ou seulement avec l'animal dressé qu'en a fait aussi l'histoire. L'histoire antérieure. Celle des dominations. Celle des empires, des généraux et des despotes, des négoces et des guerres. De tout ce qui a meublé le temps illusoire des défaites de l'homme. Tout ce qui a tenté de détruire l'éternité vivante.

Jules César ne joue aucun rôle dans ma vie. Il n'existe que dans nos manuels scolaires. Comme Ramsès II dans les « bandes dessinées » des bas-reliefs retraçant ses massacres. Ils sont le négatif de l'histoire, de la fausse histoire, de plus en plus destructive en fonction du « progrès » dans l'efficacité des armes, qu'elles soient militaires, économiques ou médiatiques.

La véritable « histoire » est celle de la Création, de la création continuée de l'homme par l'homme, « l'histoire sainte » de l'humanité, faite d'arts révélateurs du sens divin de la vie et annonciateurs d'avenir, d'amours vécus pleinement lorsque le sacrifice et la joie ne font qu'un, nous conduisant de l'amour d'un seul à l'amour de tous et de Dieu.

A l'inverse de l'Histoire linéaire triomphaliste, toujours écrite par les vainqueurs, l'« histoire sainte » de l'humanité ne s'inscrit pas sur de telles courbes. Le temps y est réversible : les bâtisseurs de Chartres, de la Mosquée de Cordoue ou du temple de Boroboudour sont mes contemporains. Ils font partie de ma vie pour l'enrichir de dimensions nouvelles, pour dilater mes poumons dans tous les espaces sacrés, si différents, mais tous indicateurs de transcendance : l'espace de la cathédrale, de la mosquée, ou du temple hindou.

La Baghavad-Gita ou les Upanishads me sont immédiatement présents pour me ramener au centre de moi-même.

Les musiciens dix fois millénaires qui ont un jour capté le souffle du vent dans le creux d'un roseau cassé pour en faire une flûte, ou la plainte des blés se courbant dans les aoûts pour en faire une harpe, ne sont ni plus anciens ni plus nouveaux pour éveiller nos amours, notre foi, nos angoisses ou nos élans. Saint-John Perse est contemporain de Pindare ou du Ramayana, du moins pour ceux qui en vivent les appels. Moments intemporels de la création de l'homme, éternité vécue en chaque instant, leur présence en nous s'appelle la culture.

Jésus est au centre de cette vie « poétique », créatrice et amoureuse en dehors du temps linéaire, illusoire et agressif.

Il est la révélation, dans nos vies personnelles comme dans notre commune histoire, de la vie totale, totale comme sa propre vie, qui fut amour, et sa mort, qui fut dépouillement et couronnement de sa vie.

Cette vie revécue d'âge en âge, comme une « folie » défiant

la sagesse des sages, avec saint François d'Assise, Don Quichotte le chevalier prophète, ou l'« idiot » de Dostoïevski : cette agonie revécue dans *L'église d'Auvers* convulsée de van Gogh, et le sacrifice ne faisant qu'un avec l'amour dans la *Jeune fille Violaine* ou *Le soulier de satin*.

Jésus nous réintroduit tout entiers, indivisiblement âme et corps, personne et communauté, dans la vie totale dont la mort, comme la naissance, est un moment nécessaire et glorieux : celui de la métamorphose et de la résurrection.

Est-il en train de vivre ou de mourir le fleuve qui va se fondre dans l'Océan, qui sera appelé par le soleil à devenir nuage, rappelé à la terre comme pluie pour l'éternelle renaissance des sources et de fleuves toujours nouveaux ?

Cycle des eaux, cycles de la terre où les fermentations de la mort ne font qu'un avec les germinations de la vie. Ce terreau est pétri de mort et de vie : de feuilles mortes et de troncs vermoulus, de la cendre des milliers de bêtes, d'arbres, d'êtres humains, et du fourmillement de vermisseaux qui font le travail utile de l'aérer, et de l'eau encore, qui en est le levain. Cycle des eaux, cycle de la terre, cycle de la vie, cycle des civilisations non dans leurs affrontements stériles et destructeurs mais dans leurs créations et leurs fécondations réciproques.

Comment imaginer l'exterritorialité de l'homme dans ce brassage éternel de la vie ? dans cette symphonie du monde ?

Creuserait-il *son* « temps » dans cette éternité ? Retournerait-il à un séparatisme du temps et de l'éternité, comme si le temps était maintenant et l'éternité après ? La création en une fois, en un seul « bang » ou en sept jours, et l'histoire après ?

Saint Augustin déjà dénonçait cette sophistique : « L'acte de création serait incompatible avec l'éternité de Dieu », écrit-il (*Confession* XI, 10). Dieu s'ennuyait-il, dans l'oisiveté, avant la création ? Ou bien comprendrez-vous, dit saint Augustin, « comment est créé ce qui est créé par vous et en vous ? » *(idem)*. Combien actuelle et éternelle cette conscience de la création qui exclut un Dieu souverain, arbitraire, créant le monde une fois pour toutes, en dehors de nous et sans nous. Dieu n'agira jamais si tu ne lui prêtes pas tes mains. Dieu ne parlera jamais si tu ne lui prêtes pas ta bouche.

La création, selon saint Augustin, est « un perpétuel

aujourd'hui... ». « Si, de toute éternité, Dieu a voulu l'existence de la créature, pourquoi la créature, elle aussi, n'est-elle pas éternelle ? » « Car il ne se peut pas qu'il y eût un temps où le temps n'était pas... Comment donc le passé et l'avenir sont-ils, puisque le passé n'est plus et que l'avenir n'est pas encore ? » (XI, 14). « Si le futur et le passé existent, je veux savoir où ils sont... Ils ne sont qu'en tant que présents » (XI, 18).

Seul existe l'instant en son éternité.

L'instant vivant. Le présent porté par toutes les poussées du passé. Bouillonnant de toutes les germinations des possibles. Irrésistiblement appelé par toutes les aspirations du futur.

« Le "maintenant" où Dieu créa le monde est aussi proche que le maintenant pendant lequel je parle aujourd'hui, et le dernier jour est aussi proche de ce "maintenant" que le jour qui fut hier », écrivait Maître Eckhart (Sermon 9) et il concluait : « Que Dieu m'aide à vivre en cette éternité. »

C'est ce que réalise en nous la présence de Jésus. Vivre de sa vie, de son dépouillement, crée un nouveau regard, prophétique, ce regard qui ne s'attache pas au partiel mais qui découvre en lui le tout et l'avenir qu'il désigne. Tout être fini (et il n'y a d'être fini que par le découpage mécanique du réel à la tronçonneuse des concepts et des mots) est le témoin et le signe de ce qui le dépasse, un indicateur de transcendance.

Voir le papillon dans la chenille, la sainte dans la prostituée, l'aigle dans l'œuf, le frère dans mon prochain et mon lointain, dans le sourire éphémère du jasmin, la résurrection éternelle du printemps. Tel est le regard de Jésus sur le monde. Mais « il a joué de la flûte et nous n'avons pas dansé » (Mt 11, 16-17 ; Lc 7, 32).

2. Un dialogue Nord-Sud est-il possible ?

« Nouvelle évangélisation » et « application de la *shari'a* »

Dialogue des religions ou dialogue de la foi ?

Le premier est une controverse entre théologiens ou religieux, armés de dogmes et de réponses, et surtout assurés de détenir une vérité totale. Il se peut alors que la discussion soit courtoise, tolérante, chacun reconnaissant à l'autre le droit à l'erreur, avec l'indulgence que l'on peut avoir pour des enfants, auxquels on accorde avec bienveillance qu'ils accèdent un jour à la vérité totale — la nôtre bien sûr —, après leurs tâtonnements et leurs premiers pas.

Dans le meilleur des cas chacun verra dans la religion de l'autre un moment, provisoire et partiel (toujours inférieur) de sa propre vision.

Entre des chrétiens qui se veulent missionnaires, et des musulmans — des « ulémas » — (dont le nom même implique qu'ils détiennent la science religieuse), les uns et les autres se tenant pour des fonctionnaires de l'absolu, il n'y a point de dialogue mais polémique (fût-elle souriante), prosélytisme et désir de conversion de « l'autre » pour l'annexer à sa propre vérité englobante.

Il est vrai qu'en ce domaine, depuis des siècles (depuis les Croisades et les séquelles de ses Inquisitions), depuis cinq siècles surtout avec la naissance du colonialisme appelant « évangélisation » des Indiens l'invasion, la conquête, le massacre et le génocide, l'Occident a donné le pire exemple de l'intégrisme, c'est-à-dire de la prétention de détenir la vérité absolue et, par conséquent, d'avoir non seulement le droit mais le devoir de l'imposer à tous.

Une longue continuité dans la domination a créé une continuité perverse. Autrefois : une Église, un Dieu, un roi. Aujourd'hui : une culture, une technique, un ordre mondial.

Hors de l'Église pas de salut. Hors de l'Occident pas de civilisation. Et toujours : hors de ma vérité, l'erreur. Toujours un peuple élu : hébreu, chrétien, occidental.

Une telle prétention, appuyée par les armes, le commerce et les missions, est la mère des autres intégrismes dans le monde.

Le colonialisme, sous toutes ses formes, niait la valeur et combattait l'existence des autres cultures et des autres religions tenues pour inférieures sinon barbares.

L'effort pour résister à cette invasion militaire, marchande et spirituelle, suscite une négation de la négation.

Cette réflexion est d'autant plus actuelle que l'on parle beaucoup, ces temps-ci, de Rome à Saint-Domingue, de « nouvelle évangélisation ».

Appeler à une « nouvelle évangélisation » devrait exiger de reconnaître les méfaits de l'ancienne. Elle fut de modèle colonial.

Elle a exporté, quand elle ne l'a pas imposé par la force, une forme de christianisme coulée dans le moule d'une culture occidentale qui considérait n'avoir que deux sources : judéo-chrétienne et gréco-romaine.

Cette théologie de l'histoire permit par exemple aux colons puritains d'Amérique d'assimiler les Indiens aux Amalécites et aux Philistins de l'Ancien Testament, et, en toute bonne conscience, de leur faire subir le même sort pour la plus grande gloire de Dieu.

Une « nouvelle évangélisation », après une nécessaire autocritique de l'ancienne, exige autre chose qu'un habillage folklorique de la théologie occidentale par les cultures autochtones sous le nom d'« inculturation ».

La reconnaissance de l'unité de Dieu et de sa présence, qui ne peut se manifester nulle part ailleurs que partout, implique d'abord qu'il ne peut y avoir de « peuple élu », hébreu ou occidental, dont la médiation serait préalable et nécessaire pour rencontrer Dieu.

En d'autres termes, pour en finir avec l'ethnocentrisme, il faut cesser de confondre foi et religion.

Une religion c'est l'expression de la foi à travers une culture. La culture étant l'ensemble des rapports qu'un homme ou une communauté entretient avec la nature, les autres hommes, et le divin.

La culture judéo-chrétienne et gréco-romaine de l'Occident n'est pas « *la* » culture, c'est *une* culture parmi les autres, comme la culture chinoise, indienne, africaine, amérindienne, islamique.

En chacune de ces cultures s'est posé le problème des fins dernières de l'homme, c'est-à-dire le problème religieux.

Cette découverte de la présence divine au cœur de toutes les cultures permet seule de dépasser l'illusion et la prétention que toute l'humanité doit passer par la culture juive, grecque et romaine exportée par les colonisateurs occidentaux dans le monde entier.

L'Esprit est en l'homme et en tout être, non comme leur propriété ou leur intériorité, mais comme le mouvement qui, à travers la multiplicité et la dispersion des êtres, les oriente vers l'Un en un cycle sans fin : Tout vient de Dieu et tout revient à Lui, dit le Coran (II, 156).

Cette relation d'intériorité réciproque, ce mouvement circulaire par lequel passent incessamment l'un dans l'autre, et s'impliquent mutuellement, les trois aspects de la Trinité, les théologiens chrétiens l'appellent la « périchorèse ».

Elle permet de comprendre qu'une même foi a pu, s'exprimant à travers diverses cultures, donner naissance à de multiples religions, et que cette multiplicité même est une richesse car elle permet, par la fécondation réciproque d'expériences « religieuses » différentes, d'approfondir notre propre foi, de prendre conscience de sa spécificité : de perdre seulement l'illusion que notre religion est la seule vraie parce que nous ignorons toutes les autres.

C'est précisément ce que semble ignorer une « nouvelle évangélisation » qui ne commence pas par l'autocritique de l'ancienne, fondée sur le postulat colonial de l'ethnocentrisme occidental.

Cette première évangélisation, en Amérique — malgré les

protestations évangéliques de quelques prêtres héroïques comme le père Montesinos, Pedro de Cordoba ou Mgr Bartolomé de Las Casas — fut le prétexte et la caution du génocide des Indiens.

En Afrique, là encore malgré les scrupules de quelques religieux vite marginalisés, la traite des Noirs, avec ses cent millions de morts, ne fut nullement entravée par l'Église.

Le départ de cargaisons d'esclaves, au Portugal, au début du XIXe siècle était béni par un évêque, et cela s'appelait « messe de la liberté » !

Parler aujourd'hui de « nouvelle évangélisation », comme à Saint-Domingue, sans dire d'abord quelles furent les racines profondes, colonialistes et racistes, de la première évangélisation de l'Amérique et de l'Afrique, et les arracher définitivement, c'est continuer à imposer un christianisme qui n'a pas su se désolidariser du dogme de la supériorité de l'homme blanc, ni du préjugé selon lequel le christianisme ne pouvait prendre racine que dans la culture juive et grecque et dans l'organisation romaine, comme si les hautes spiritualités de l'Inde, de l'Afrique ou de l'Amérindie ne pouvaient fournir un terreau aussi riche à la floraison du message de Jésus.

Une telle conception de « l'évangélisation » constitue un obstacle majeur à un véritable dialogue des religions.

Elle trouve un parallèle, dans le Tiers Monde (qu'elle traite avec paternalisme comme mineur), dans une conception archaïque de la *shari'a*, de la loi « divine », confondue avec les institutions d'il y a mille ans et présentée comme la seule expression valable de l'islam, comme la « nouvelle évangélisation » confond le message de Jésus avec l'institution ecclésiastique romaine constituée par l'empereur Constantin il y a seize siècles.

La confusion sur l'expression : « appliquer la *shari'a* », comme l'actuelle conception vaticane de la « nouvelle évangélisation » et le *Catéchisme* de 1992 qui en est le fondement idéologique, sont aujourd'hui les deux obstacles majeurs du dialogue islamo-chrétien.

Chez les vaincus du colonialisme, la résistance pour défendre leur propre identité, leurs cultures, leurs religions, les conduisit le plus souvent à se replier sur le passé, c'est-à-dire sur ce qui était antérieur à ces dominations étrangères, comme s'il n'y avait de choix qu'entre l'imitation de l'Occident, ou l'imitation du passé.

Un intégrisme antithétique de celui des vainqueurs les amena à confondre leur foi avec les formes institutionnelles qu'elle avait revêtues dans le lointain âge d'or de leur indépendance et de leur grandeur.

Une illustration saisissante de cette attitude est aujourd'hui donnée dans maints pays islamiques par une confusion redoutable sur le terme de *shari'a*.

Récemment encore, dans ce qui constitue le centre mondial de l'intégrisme musulman, l'Arabie saoudite, une répression brutale s'est exercée contre des hommes de foi désireux de créer un comité de défense des droits de l'homme contre l'oppression, sous prétexte qu'une telle initiative ne pouvait être acceptée « dans un pays où est appliquée la *shari'a* ». Le ministre de l'Intérieur obtint la caution des « ulémas », pour cette opération policière.

Que signifie donc : « appliquer la *shari'a* » selon les dirigeants politico-religieux de l'Arabie saoudite, du Pakistan, ou de leurs émules ?

Le mot *shari'a* n'est employé qu'une fois dans le Coran (45, 18) et dans trois autres versets apparaissent des mots de même racine : le verbe *shara'a* (42, 13) et le substantif *shir'a* (5, 48).

Cela permet une définition précise.

Le Coran rappelle (en 45, 16) que Dieu a donné aux fils d'Israël le livre et les commandements, qui leur permettaient de concevoir clairement l'ordre *(amr)*, mais qu'ils ont introduit le désaccord après que leur eut été donné la science *(ilm)*. Dieu jugera (45, 17). Alors apparaît le mot *shari'a* (45, 18) : « Nous t'avons placé sur une voie *(shari'atin)* procédant de l'ordre. »

En quoi consiste cette « voie » *(shari'a)* ? C'est ce qui nous est précisé en 42, 13 : « En matière de religion il vous a *ouvert une voie* (ici c'est le verbe *shara'a*) qu'il avait recommandée à Noé, celle-là même que nous t'avons révélée, celle que nous avons recommandée à Abraham, à Moïse, à Jésus : suivez-la, et n'en faites pas un objet de division. »

Il est donc parfaitement clair :

1° que *cette voie* est celle de Dieu ;

2° qu'elle est *commune* à tous les peuples, à qui Dieu a envoyé ses prophètes (à tous les peuples et dans la langue de chacun d'eux).

Or les codes juridiques concernant par exemple le vol et sa punition, le statut de la femme, le mariage ou l'héritage, sont différents dans la *Thora* juive, dans les Évangiles des chrétiens, ou dans le Coran.

La *shari'a* (la loi divine pour aller à Dieu) ne peut donc pas inclure ces législations *(fiqh)* qui, à la différence radicale de la *shari'a* commune à toutes les religions, diffère avec chacune d'elles selon l'époque et la société où un prophète a été envoyé par Dieu.

Dieu dit dans le Coran (13, 38) : « A chaque époque un livre », et encore : « il n'existe pas de communauté où ne soit passé un prophète pour l'avertir » (35, 24 et 16, 36).

« Dieu confirme et abroge ce qu'il veut » (13, 39), ne signifie évidemment pas qu'il a changé d'avis mais que, par une « véritable pédagogie divine », il apporte, au nom des principes absolus, une réponse appropriée à la situation historique et au niveau de compréhension du peuple auquel il envoie son messager. C'est ainsi, par exemple, que la *quibla* (dont le sens universel et dernier est clair : manifester l'unité de la *Umma*, tournée vers le même centre pour affirmer l'unité de Dieu) est orientée pour un temps vers Jérusalem, puis, pour des raisons historiques, tenant aux rapports avec la communauté juive, vers La Mecque. A travers ce *changement historique* le Coran nous rappelle la *vérité transcendante* : Dieu ne peut être ailleurs que partout, à l'Orient comme à l'Occident. « L'Orient et l'Occident appartiennent à Dieu. Quel que soit le côté vers lequel vous vous tournez, la face de Dieu est là » (11, 115).

Les premiers commentateurs du Coran, comme Tabari, ont toujours pris grand soin de rappeler dans quel contexte historique précis chaque verset est « descendu ».

Cette historicité n'enlève rien à la valeur universelle et éternelle de la *shari'a* : chaque intervention de Dieu, dans la communauté indivisiblement religieuse et politique de Médine, où le Prophète est chef d'État, contient un *principe d'action* (une voie religieuse, *shari'a*), qui vaut pour tous les peuples et tous les temps (comme par exemple : Dieu seul possède, qui relativise toute propriété humaine ; Dieu seul commande, qui relativise tout pouvoir humain, *Allahou Akbar !* ; Dieu seul sait, qui relativise tout savoir humain).

Cette « loi divine », cette *shari'a*, est commune à toutes les révélations et à toutes les sagesses.

Et c'est à partir de cette *voie religieuse immuable* que Dieu, par ses Prophètes, apporte des réponses historiques correspondant à la situation particulière de chaque peuple.

L'une des manifestations les plus claires de la grandeur du Coran c'est précisément cette articulation de la transcendance et de l'histoire, de la religion et de la politique, en un mot de la *shari'a* (qui est parole de Dieu) et du *fiqh*, de la législation (qui est œuvre humaine).

C'est la différence radicale avec le judaïsme.

Alors que chez Moïse la plus grande place est occupée par les commandements, dans le Coran, sur 6 000 versets 200 seulement portent sur la solution de problèmes de droit. Mélanger, sous le nom de *shari'a*, ce qui est orientation religieuse et morale de valeur absolue, éternelle et universelle, avec les législations propres à chaque société particulière et à chaque époque déterminée, constituerait une judaïsation de l'islam et nous conduirait, par le littéralisme, à donner une image du Coran radicalement opposée à sa claire définition de la *shari'a*.

Si l'on ne fait pas cette distinction entre :

— les principes éternels sur *les rapports avec Dieu*,

— et les lois particulières par lesquelles *les hommes*, à partir de ces principes, organisent à chaque époque leurs *rapports sociaux*, l'on donne une image caricaturale du Coran.

Par exemple le Coran, qui descend dans une société où règne l'esclavage, introduit des règles propres à l'humaniser.

Est-ce que cet enseignement est devenu caduc parce que l'esclavage n'existe plus ? Ou faut-il rétablir l'esclavage ? Ou bien devons-nous, comme nous le recommande à chaque instant le Coran, « réfléchir » sur les « exemples » qu'il nous donne :

« Nous avons proposé aux hommes, dans ce Coran, toutes sortes d'exemples, peut-être réfléchiront-ils ? » (39, 27).

Ainsi seulement un verset comme : « Un esclave croyant vaut

mieux qu'un homme libre polythéiste » (2, 221), à condition de ne pas s'attacher à la lettre, conserve valeur universelle : la valeur d'un homme ne dépend pas de son rang ou de sa fortune, mais de sa foi et de ses vertus.

Cette distinction entre la *shari'a*, l'orientation religieuse et morale vers Dieu, et les « programmes » ou les « méthodes » dont Dieu a laissé à l'homme la responsabilité de les appliquer toujours dans les conditions concrètes de leur société et de leur temps, est soulignée par le sens du mot *shari'a*, le chemin vers la source, magnifique façon de dire : le chemin vers Dieu.

Après avoir rappelé (5, 44 et 5, 46) que les messages de Moïse et de la *Thora*, de Jésus et des Évangiles « contiennent guidance et lumière », le Coran ajoute (4, 48) : « Nous avons donné à chacun d'eux une voie *(shari'a)* et un programme *(minhaj)*. »

A la lumière des deux précédents versets, il est clair que la *voie*, la *shari'a* a valeur universelle puisqu'elle est commune en particulier à tous les gens du *Livre* ; elle nous désigne les fins transcendantes, alors que le « programme » ou la « méthode » sont les moyens permettant, en chaque moment de l'histoire, de faire pénétrer les valeurs transcendantes.

La *shari'a* est en effet présente et identique dans les trois livres révélés :

Le Coran proclame à plusieurs reprises que *Dieu seul possède* : « Tout ce qui est dans les cieux et sur la terre appartient à Dieu » (2, 116 et 284 ; 3, 109, etc.).

Comme le Deutéronome disait : « A l'Éternel, ton Dieu, appartiennent les cieux, la terre, et tout ce qu'elle renferme » (10, 14).

Comme l'Évangile, Paul dans I Co 10, 26 : « La terre et tout ce qu'elle contient appartient à Dieu. »

Il en est de même, dans les trois Livres, pour *« Dieu seul commande »* et *« Dieu seul sait »*.

Il est de notre responsabilité de trouver en chaque moment les moyens historiques de réaliser ces fins transcendantes, comme le Coran nous en donne l'exemple pour la communauté de Médine.

Cette claire distinction coranique exclut tout littéralisme et nous appelle à réfléchir sur les exemples et non à donner à des prescriptions historiques, figurant aussi dans le Coran, une application aveugle à tous les temps.

Prétendre appliquer littéralement une disposition législative sous prétexte qu'elle est écrite dans le Coran, c'est confondre la loi éternelle de Dieu, la *shari'a* (qui est un « invariant » absolu, commun à toutes les religions et à toutes les sagesses) avec la législation destinée au Moyen-Orient au VIIe siècle (qui était une application historique, propre à ces pays et à cette époque, de la loi éternelle). Les deux figurent bien entendu dans le Coran mais la confusion des deux et leur application aveugle — refusant cette « réflexion » à laquelle ne cesse de nous appeler le Coran — nous rend incapables de témoigner du message vivant, du Coran vivant et éternellement actuel, du Dieu vivant.

La loi divine, la *shari'a*, unit tous les hommes de foi, alors que prétendre imposer aux hommes du XXe siècle une législation du VIIe siècle, et de l'Arabie, est une œuvre de division qui donne une image fausse et repoussante du Coran. C'est un crime contre l'islam.

Le Prophète parlant au nom de Dieu tenait parfaitement compte de la situation géographique et historique du peuple pour lequel il appliquait de manière spécifique les principes éternels.

Lorsqu'il ordonne de jeûner de l'aube au crépuscule (le fil noir et le fil blanc) il est clair qu'il s'adresse à un peuple où le jour et la nuit ont une durée peu différente. Pour un esquimau, entre les deux moments, il y a six mois : il faut donc « réfléchir ». Comme auparavant pour l'esclavage, pour ne pas appliquer littéralement le verset, mais pour nous interroger sur le but qu'il visait et l'appliquer dans des conditions différentes.

Il en est de même pour un bon nombre de versets du Coran. Dieu et son Prophète tiennent compte des circonstances et du niveau de conscience des peuples auxquels ils s'adressent pour que le message pénètre sans vouloir abolir d'un seul coup l'ordre existant et en acceptant donc des coutumes, même si elles ne répondent pas entièrement aux exigences absolues de la *shari'a*.

Nous avons donc le devoir, à l'égard de chaque prescription juridique de nous demander quel était le but visé lorsqu'elle a été formulée et les circonstances historiques qui la rendaient nécessaire dans un monde où « il y a chaque jour quelque chose de nouveau » (55, 28).

La loi ne peut se pétrifier alors que la vie qu'elle a mission de façonner dans la voie de Dieu est en perpétuelle métamorphose. C'est dans cette perspective historique que l'on doit, par exemple, situer la main coupée du voleur, ou la discrimination à l'égard des femmes et leur subordination à l'homme, tradition de tout le Proche-Orient, comme en témoignent, par exemple, les épîtres de saint Paul.

Toute lecture des « versets législatifs » doit être historique. Par exemple, dans le Coran (IV, 11) la part de la fille, dans l'héritage, est la moitié de celle de son frère. Dans l'Arabie préislamique la femme n'avait aucun droit sur l'héritage. C'est une avancée historique de lui y donner accès. En outre, dans la société de l'époque, toutes les charges sociales incombent à l'homme. La loi tend à rétablir l'équilibre. Une application littérale à nos sociétés serait contraire à l'esprit de justice qui l'inspirait au VIIe siècle.

L'essentiel est de ne jamais oublier que le Coran contient à la fois la *shari'a* fondamentale en 5 800 versets et des « exemples » de son application (en 200 versets) dans un moment historique donné, par exemple dans une société esclavagiste.

La pire erreur, mortelle pour l'avenir de l'islam, serait de mélanger la loi divine éternelle, la *shari'a*, avec ce qui fut le *fiqh* (la législation) du VIIe siècle.

Appliquer la *shari'a*, c'est le contraire de cette confusion. C'est, à partir des principes absolus de la *shari'a* (Dieu seul possède, Dieu seul commande, Dieu seul sait) créer un *fiqh* du XXe siècle. Et c'est là une responsabilité commune non seulement à tous les musulmans, mais, comme le dit le Coran, à tous les hommes de foi qui ont reçu le message des Prophètes, tous envoyés du même Dieu.

Contre ce double obstacle à une véritable rencontre entre chrétiens et musulmans : la conception de la curie romaine sur la « nouvelle » évangélisation, si proche de l'ancienne par son ethnocentrisme occidental, et la conception de la *shari'a* des intégristes musulmans voulant immuablement appliquer aujourd'hui les législations créées pour des sociétés du VIIe siècle, que peut être un dialogue de la foi permettant une fécondation réciproque ?

Il n'y a de dialogue véritable que lorsque chacun, au départ, admet qu'il a quelque chose à apprendre de l'autre, qu'il est donc prêt à remettre en cause telle ou telle de ses certitudes. C'est pourquoi celui qui s'engage dans cet authentique dialogue apparaît parfois comme un dissident en puissance à l'égard de sa propre communauté.

Un tel dialogue de la foi n'est possible qu'entre des hommes et des femmes pour qui leur propre foi n'est pas de l'ordre d'une réponse mais de l'ordre d'une question.

Il n'est possible que si chacun a conscience que, si Dieu est *transcendant*, sans commune mesure avec nos pensées et nos langages, aucun homme ou aucune communauté ne peut avoir la prétention de l'enfermer dans ses définitions, ses rites et ses dogmes. Une telle « suffisance » est le contraire de la « transcendance ».

Ce dépassement de toutes les « idées », de toutes les « images » que les peuples peuvent se faire de Dieu, se manifeste par ceci : en toutes les religions révélées Dieu parle aux hommes par paraboles, utilisant des expériences humaines pour suggérer ce qui transcende toute expérience et tout concept, et la foi de ceux qui ont le plus profondément vécu la présence divine, reconnaît que l'on peut seulement, dans une théologie négative, dire ce que Dieu n'est pas. Ils n'ont parlé de Dieu que par métaphore ne pouvant le saisir mais seulement le désigner par une parole humaine, celle du poème, qui ne prétend pas, comme le concept, cerner le réel dans une définition et en donner le contenu : Ibn Arabi comme saint Jean de la Croix, Rabi'a de Bassorah comme sainte Thérèse d'Avila, ont essayé de traduire, par le poème et ses symboles, une expérience qui ne peut s'exprimer par des concepts.

Cette conscience humble de ce qui manque et manquera toujours à notre foi pour étreindre le divin, est la condition première du dialogue de la foi.

Ce dialogue commence en nous-mêmes. En nous-mêmes, divisés entre le doute et la foi : le doute nécessaire pour maintenir une foi vivante, c'est-à-dire conscience de ses limites, de son impuissance à égaler l'absolu.

« Tout ce que je dis de Dieu, c'est un homme qui le dit », écrivait Karl Barth. Un homme avec ses insuffisances et sa relativité.

Même si Dieu parle, c'est un homme qui écoute la révélation, qui l'interprète, qui la réduit à ses propres dimensions humaines, dans son langage adapté à la saisie des choses, du partiel, que la transcendance déborde.

Un dialogue de la foi, un dialogue véritable n'est possible qu'à partir de la conscience de ce qui nous manque. De ce qui manque à notre foi pour atteindre à la plénitude à laquelle elle aspire. Ce qui manque à notre finitude d'homme pour accéder à l'infini, ce qui manque à nos communautés partielles pour atteindre le tout.

Alors seulement, à partir de cet aveu de ce qui me manque, le dialogue peut devenir un échange et un partage dans la recherche commune, dans les approches complémentaires de Dieu, c'est-à-dire du sens dernier de nos vies personnelles et de notre commune histoire.

La réalité totale ne peut être saisie à partir d'une perspective seulement. Nous ne pouvons la saisir pleinement que si nous savons vivre du dedans l'expérience des autres.

Plusieurs peintres s'efforcent de dessiner le même modèle, placé au milieu d'eux, mais aucun tableau ne sera identique à l'autre. L'un aura reproduit le sujet de face, un autre de dos ou de profil. Je ne puis juger de la fidélité de l'image à partir d'une perspective unique, mais seulement à partir de la perspective propre à chaque participant.

Il en est de même pour les sagesses et les religions : chacun a essayé de traduire son expérience du sens de la vie ou de l'Un en fonction d'une culture particulière, d'une histoire et d'une civilisation. Cette multiplicité et cette relativité des « prises de vue » sur le divin n'exclut nullement la valeur absolue et unique de ce qui est visé et dont l'inépuisable totalité ne peut être saisie par personne.

Un dialogue ne peut conduire à une fécondation réciproque que si chacun accepte loyalement de « se mettre à la place » de l'autre, donc à retrouver son angle de vue, la perspective propre à partir de laquelle il a essayé d'exprimer son irremplaçable expérience.

Ceci exclut le parti pris de conversion : ne pas demander au chrétien de devenir bouddhiste, ni au musulman de devenir chrétien. Mais aider le bouddhiste à devenir un meilleur bouddhiste, le chrétien un meilleur chrétien, le musulman un meilleur musulman. « Meilleur » signifiant : capable d'approfondir sa propre foi, sa propre saisie de Dieu, en l'enrichissant de l'expérience des autres hommes de foi.

Cette prise de conscience de la relativité, de la « non-suffisance » des perspectives, n'implique nullement, répétons-le, un relativisme ou un éclectisme démobilisateur. Elle rappelle seulement la diversité et les richesses inépuisables des relations à Dieu. Elle permet seulement d'échapper à l'ethnocentrisme colonialiste qui appelle trop facilement « universelle » sa propre culture et sa propre religion.

Dans le dialogue l'éclectisme ou le syncrétisme, c'est-à-dire la recherche du plus petit commun dénominateur, ne peut conduire qu'à un appauvrissement de la foi. Si nous écartons ce qui est spécifique en chacun pour ne retenir que ce qui peut se dire avec les mêmes mots, il n'y aura pas d'enrichissement ni de fécondation réciproque.

Contre cette conception réductionniste, abstraite et desséchante du dialogue, ce qu'il s'agit de partager c'est l'approche du Dieu vivant à travers la richesse des expériences de la vie en Dieu propres à chaque culture.

Ceci implique de notre part une manière de vivre Dieu et une autre façon de parler de Dieu (une autre « théo-logie »).

Comme toute saisie partielle de Dieu, le limitant à tel ou tel « signe » de sa présence, c'est une idolâtrie de le réduire aux images qu'en ont donné notre seule culture, notre seule histoire.

Dieu n'est pas seulement ce qu'en dit notre seule tradition judéo-grecque. Il est le Dieu de toute l'histoire, le ferment de l'histoire de tous les continents, l'âme de tous les efforts des hommes — de tous les hommes — pour découvrir et réaliser le sens de leur vie. Seule cette universalité, cette véritable universalité, cette ouverture vers l'autre, cette écoute de l'autre, peuvent rendre possible la révélation du Dieu qui est en Lui. Car c'est en l'autre aussi que nous découvrons Dieu. Pas seulement en nous, dans la langue de notre culture partielle. Dieu, le même Dieu, le seul Dieu, a été vécu à partir d'autres expériences qui doivent cesser de nous être étrangères. Le dialogue devient alors la merveilleuse aventure de la recherche commune de Dieu. Il n'a pas pour objet de convertir, c'est-à-dire de réduire l'autre à nous-mêmes, mais de nous ouvrir à d'autres rencontres de Dieu en partageant l'expérience de l'autre.

L'attitude « polémique » des religions (et le mot de « polémique », par son étymologie, évoque la guerre : *polémos*) a été l'une des forces les plus destructrices de l'histoire, avec ses croisades, ses « guerres saintes », ses inquisitions, ses mythologies de « peuples élus ».

Alors que l'esprit de rencontre, d'écoute fraternelle, et de fécondation réciproque est la force la plus humanisante de l'histoire.

Chercher Dieu en l'autre, y découvrir la présence plurielle du même Dieu, est une manifestation de l'amour. Comme l'amour elle est inconditionnelle : elle ne dépend pas de la réciprocité, même si elle se heurte au fanatisme, ou, pire encore, à l'indifférence.

Contre les idolâtries conjointes du monothéisme du marché, de la technocratie, de l'argent, répandues aujourd'hui à l'échelle de la terre, le monde a plus que jamais besoin de témoins vivants du Dieu vivant comme levain de la lutte pour libérer l'homme de ces idolâtries et de leurs servitudes.

Le mot même d'« évangélisation » signifie : « l'annonce d'une bonne nouvelle », celle du triomphe de la vie sur la mort, du sens sur le non-sens, que les chrétiens et les musulmans appellent la résurrection : celle de la promesse, pour chaque être humain et pour chaque communauté, de la libération et de la plénitude de son développement que les chrétiens et les musulmans appellent le Royaume de Dieu.

Nous avons donc à nous « évangéliser les uns les autres ». Il ne s'agit plus de l'exportation unilatérale d'un *credo*, mais d'une rencontre avec le divin, plus riche par le partage et la fécondation mutuelle des cultures de tous les continents et de leurs expériences du divin. Ainsi éclateront les limites d'une culture occidentale qui, depuis la Renaissance repose sur trois postulats :

— *Le postulat de Descartes :* « Nous rendre maîtres et possesseurs de la nature », une nature réduite à son aspect mécanique. Donc des rapports de domination sur une nature dépouillée de toute finalité propre.

— *Le postulat de Hobbes*, définissant les rapports entre les hommes : « L'homme est un loup pour l'homme. » Des rapports de concurrence sur le marché, d'affrontements de jungle entre les individus et les groupes, des rapports, aussi, de maître à esclave. Et, au niveau actuel de nos pouvoirs techniques, des « équilibres de la terreur ».

— *Le postulat de Marlowe*, dans son *Faust*, annonçant déjà la mort de Dieu : « Homme, par ton cerveau puissant deviens un Dieu, le maître et le seigneur de tous les éléments. » L'atrophie de la dimension transcendante de l'homme et le refus de toute valeur absolue sont ainsi consacrés.

Cinq siècles d'expérience ont montré que les postulats d'une telle culture conduisent le monde à la mort.

— La « maîtrise » de la nature conduit à son saccage, par les armes de destruction massive, par l'épuisement des ressources accumulées dans les entrailles de la terre depuis des millions d'années, par la pollution industrielle menaçant jusqu'à l'ozone qui nous protège de la mort.

— La concurrence entre les hommes sur un marché mondial sans limite a conduit aux guerres les plus meurtrières de tous les temps, à l'explosion des nationalismes les plus agressifs, aux « fondamentalismes » les plus bornés et surtout à des inégalités telles que le dernier postulat de cette civilisation selon laquelle l'homme doit remplacer Dieu, en faisant abstraction de sa dimension transcendante, est le fondement des deux autres.

Tant que le « progrès » sera défini par le seul perfectionnement des outils et des machines,

tant que la liberté de l'homme sera confondue avec la liberté du marché,

tant que Dieu sera ou nié ou identifié à un maître tout-puissant dirigeant le monde selon un plan éternel, extérieur et supérieur à l'homme, fondement de toute théologie de la domination, faisant ainsi de la religion un « opium du peuple », les dérives du système précipiteront un suicide planétaire.

D'autres civilisations et d'autres cultures ont conçu et vécu d'autres rapports avec la nature, les autres hommes et Dieu.

— Dans la perspective du Tao la nature n'appartient pas à l'homme. L'homme appartient à la nature. Dans le Coran, la nature n'est pas un matériel inerte voué à satisfaire la volonté de puissance des hommes mais un ensemble de « signes », un langage que Dieu nous parle comme dans les révélations des livres sacrés.

De saint François d'Assise à Teilhard de Chardin terre et matière, vie végétale et vie animale entrent dans un dialogue fervent entre l'homme de foi et une nature inséminée de divin.

— *Les rapports entre les hommes* ne se sont pas toujours réduits à l'individualisme de jungle caractéristique du monothéisme du marché, c'est-à-dire de l'argent.

De l'Afrique à l'Amérindie et de l'Inde à la *oumma* musulmane, ont été vécues, avant les grandes invasions de l'Occident, de véritables « communautés » c'est-à-dire des ensembles humains dans lesquels chaque membre se sent personnellement responsable de tous les autres, de la « communauté de base » à la « communion des saints ».

— *Les rapports avec le divin*, avec la transcendance des fins dernières, ont été aussi vécus sous d'autres formes que l'oubli des fins et du sens, ou de la soumission à l'extériorité d'un destin voulu par Dieu. Du Popol Vuh des Indiens d'Amérique aux Védas et à la Bhagavad-Gita, ils ont été vécus sous la forme de plus en plus intériorisée du sacrifice et de l'action conçue comme la participation humaine à la réalisation de l'Un et du Tout, par la lutte entre le partiel et l'égocentrisme.

Le *tawhid* des musulmans ordonne toute pensée et toute action en fonction de l'universalité du Tout. Elle exclut la particularité des nationalismes comme la dualité fondée sur l'accumulation de la richesse et du pouvoir à un pôle de la société.

Cette unité ne contredit nullement la vision chrétienne de la Trinité, dont le mystique musulman Ruzbehan de Shiraz, au XIIe siècle, donnait cette formulation qui évite les confusions du langage grec : « Dieu est l'unité de l'amour, de l'amant et de l'aimé. »

La prise de conscience de cette nécessaire complémentarité des hommes de foi dans la recherche commune de ce qu'il y a de plus profond dans leur propre foi, permet de rendre à l'homme toutes ses dimensions : *cosmique*, comme partie de la nature, *humaine* par la conscience d'être habité par l'humanité entière dans la totalité de son histoire, *divine* par sa participation responsable à la construction d'un avenir à visage humain, c'est-à-dire divin[1].

Ainsi seulement peuvent être combattus victorieusement, par l'union de tous les hommes de foi, les fléaux mortels de notre temps : le positivisme, qui en enfermant la pensée dans un monde de données et de nécessités, enferme l'homme dans le désordre établi, et l'individualisme né du monothéisme du marché et de son corollaire : l'œcuménisme de la jungle.

1. Voir Raimon Panikkar, *La Trinidad*, Éd. Obelisco, Barcelone, 1989.

3. L'athéisme, moment nécessaire de la foi

Kierkegaard, Marx, Nietzsche

Note préliminaire

Kierkegaard, Marx et Nietzsche ont été, dans mon expérience vécue du passage de l'athéisme à la foi, les étapes décisives. Je ne prétends pas pour autant qu'elles soient des étapes nécessaires et universelles ni que ma lecture soit la seule possible. Je pense seulement que les ignorer ou s'en tenir aux images traditionnelles qui parfois en sont faites risque de priver la foi de cette tension tragique avec le doute qui la distingue d'une croyance qui serait adhésion paisible et précritique à des vérités toutes faites.

Ici encore, je propose un témoignage, né de mon cheminement personnel, sur les « maîtres du soupçon », sans prétendre imposer une démonstration contraignante.

Leur interpellation ne peut nous laisser intacts : peut-on « avoir la foi » *comme on possède l'héritage d'une propriété de famille ? Ou bien la foi, dans un monde toujours changeant qui nous somme d'agir, est-elle un « pari » chaque jour renouvelé dans la recherche sur le sens et les fins dernières de notre vie ?*

Peut-être faudrait-il, pour parler de Dieu à la « conscience moderne », repartir du point zéro de la foi : l'athéisme.

Ce que l'Occident, pour sa quote-part, apporte de moins frelaté au monde, ce n'est pas la technique qui, trop souvent, mêle à de merveilleux bienfaits une terrifiante puissance de destruction de la nature et des hommes, ni une équivoque

« liberté » qui, entendue comme liberté sans limite du marché, engendre les pires inégalités. Une liberté de ce genre est incompatible avec la justice.

La contribution majeure de l'Occident est celle de la critique. De cette négation, de cette destruction — ou plutôt de ce déblayage nécessaire —, pour reconstruire sur des fondations solides.

Le concile de Vatican II, dans sa Constitution *Gaudium et Spes*, reconnaissait que « dans la genèse de l'athéisme les croyants peuvent avoir une part qui n'est pas mince dans la mesure où... par des présentations erronées de la doctrine... ils voilent l'authentique visage de Dieu plus qu'ils ne le révèlent » (G.S., 19, 2).

Par sa vertu purificatrice à l'égard des idolâtries, des fausses images de la foi, l'athéisme est un moment nécessaire de la foi.

Le pasteur Dietrich Bonhoeffer partait du fait que « Dieu a été écarté toujours davantage du monde..., du domaine de nos vies et de nos connaissances, et n'a conservé, depuis Kant, qu'une place au-delà du monde de l'expérience ». « Je crois, écrivait-il dans cette même lettre du 6 juin 1944, que l'attaque de l'apologétique chrétienne contre ce monde devenu majeur est premièrement absurde, deuxièmement de basse qualité, et troisièmement non chrétienne. »

L'évêque Robinson soulignait avec humour que de ce Dieu-là, étranger à notre expérience, nous n'avions nul besoin : ni d'un Dieu bouche-trou de nos ignorances ; ni d'un Dieu des consolations illusoires dont nous croirions qu'il viendra résoudre à notre place nos soucis personnels ; ni d'un Dieu des fouets et des gâteries, avec ses paradis et ses enfers.

Grâce à Dieu ce Dieu n'existe plus, n'a jamais existé. Que personne surtout n'ait l'idée perverse de le réinventer.

Aux funérailles de ce Dieu-là, nous n'irons pas pleurer.

Cet athéisme, pour le savant comme pour le prêtre joue un rôle irremplaçable.

Aucune foi n'est véritable sans cette épreuve du feu (Marx traduisait ainsi le nom de Feuer-bach : « le fleuve de feu »[1]).

1. Feuerbach (1804-1872), dans son livre *L'essence de la religion* (1841), est l'auteur de la critique la plus radicale dont la thèse centrale est : ce n'est pas Dieu qui a créé les hommes, ce sont les hommes qui ont créé les dieux par une projection de leurs aspirations les plus profondes.

L'athéisme, c'est d'abord le refus de tout anthropocentrisme. La prise de conscience que tout ce que je dis de Dieu, de la nature ou de l'histoire, c'est un homme qui le dit. Quelque chose de relatif, de provisoire, d'intrinsèquement inachevé. L'homme vit de cet inachèvement, il meurt de toute prétention à s'installer dans l'être et à dire ce qu'il est comme si ce qu'il en dit constituait un savoir définitif, absolu.

L'athéisme empêche de faire de l'icône une idole, c'est-à-dire de confondre ce qui est le signe d'une autre réalité avec cette réalité elle-même, qu'il s'agisse d'un concept, d'une amulette, ou d'un crucifix.

L'athéisme a raison de refuser le dieu de nos images statuaires ou parolières, c'est-à-dire de toute tentative de prêter à un Dieu les attributs de l'homme : créer comme un potier ou un horloger, légiférer comme un roi, condamner comme un juge, pardonner comme un indulgent ou châtier comme un bourreau.

Refuser ce Dieu des religions est la première démarche de la foi.

L'athéisme nous y contraint et la foi ne peut naître qu'en faisant sienne sa vérité profonde.

Des siècles d'apophatisme rappellent que l'on ne peut, par définition, rien dire de Dieu si nous affirmons sa transcendance, sans commune mesure avec l'homme.

L'athéisme, en éliminant une transcendance conçue comme extériorité, a cette autre vertu « cathartique », purificatrice, d'éliminer tout dualisme : de ne plus permettre d'opposer objet et sujet, âme et corps, esprit et matière, science et foi, et surtout homme et Dieu. Car l'affirmation fondamentale de l'athéisme c'est qu'il n'y a pas deux réalités. Que cette affirmation puisse conduire à une conception réductrice de la réalité elle-même, c'est incontestable : certaines formes de l'athéisme, dogmatiques et exclusives, réductrices et négatives, prétendent absorber les deux termes antithétiques, dialectiquement liés, dans l'un des deux : un objet prétendant à un ersatz de transcendance, un sujet qui n'en serait que le reflet, une âme sans corps c'est-à-dire un fantôme, juxtaposée à un corps sans âme : un cadavre. Une matière privée de mouvement ou du moins de devenir créateur et un esprit sans racine et sans partenaire. Une science refusant de poser les questions des origines premières et des fins dernières, et une religion les posant en dehors d'elle et y apportant des réponses mythologiques. L'homme enfin s'enfermant dans l'illusion de sa suffisance, et un Dieu se volatilisant en opium s'il est dans un inaccessible au-delà sans rapport avec l'homme, ses questions, ses angoisses et son espoir. Un Dieu dont nous n'avons que faire.

Le propre de l'athéisme vivant c'est de refuser toutes ces formes d'extériorité et de dualisme. S'il refuse avec raison d'employer le mot Dieu c'est qu'il évoque un triste héritage, de fâcheuses connotations. Qu'il s'agisse de ses étymologies indo-européennes : *deva, théos, zeus, deus*, ou de son précédent sémite : le Yahvé tout-puissant, dieu des armées, de la promesse et du châtiment, de l'extermination de l'ennemi, tout cela est porteur d'une vision du monde où l'homme est l'exécutant d'un pouvoir extérieur au sien.

L'athéisme récuse aussi, à bon droit, une idée précritique de la révélation, considérée comme émanant directement d'un au-delà absolu, sans pollution humaine. Inquisitoriale parce qu'intouchable et indiscutable, oubliant seulement que même si un Dieu a parlé c'est un homme ou un groupe d'hommes qui écoutait, traduisait, interprétait.

Ou bien encore ce « Dieu » suspect d'Aristote, de saint Anselme, de saint Thomas, de Descartes, qui exclut, par définition, la foi, puisqu'on prétend en administrer la preuve. Comment un être réel pourrait-il exister par la pauvre alchimie d'un raisonnement qui transmuterait un concept en réalité ?

Kierkegaard

« Celui qui demande des preuves prouve par là même qu'il ne croit pas », tel est l'axiome du théologien danois Kierkegaard (1813-1855), par lequel commença la première remise en cause fondamentale du christianisme historique et institutionnel, celui des théologies de la domination.

Kierkegaard vit à l'époque de l'effondrement des rêves messianiques de la Révolution française, à l'époque où régnait sur l'Europe la « Sainte-Alliance » des princes pour écraser tous les germes du futur.

Il rejette à la fois la prétention hégélienne de donner un sens achevé à l'histoire conçue comme un développement dialectique et nécessaire de l'esprit, et celle des maîtres et de leurs clergés s'érigeant en fonctionnaires de l'absolu pour réaliser un retour au passé et ensevelir les récentes espérances terrestres, mortes pour un temps, dans le cimetière des dogmes traditionnels.

Il formule les questions qui se sont posées à toutes les époques de décadence par l'éclipse du sens de la vie : « Le monde, écrit-il, me donne la nausée... Il n'a ni sel ni sens... Le monde, qu'est-ce que cela veut dire ? Qui m'a joué le tour de m'y jeter et de m'y laisser ?... Pourquoi n'ai-je pas été consulté ?... Qui suis-je ?... A quel titre ai-je été intéressé à cette vaste entreprise qui s'appelle la réalité ? »

L'on reconnaît là les thèmes majeurs de ce qui renaîtra, un siècle plus tard, sous le joug d'une autre oppression, celle de Hitler, dans « l'existentialisme » laïcisé de Heidegger ou de Sartre, conduisant à ce constat de faillite : l'homme rêvant d'être Dieu et n'y parvenant pas (car « l'idée de Dieu est contradictoire ») est « une passion inutile[2] ».

A la même époque, avec le même refus d'une histoire englobante et d'un avenir promis, de Bultman à Karl Barth, des théologiens définissent la foi comme un face à face entre la subjectivité et la transcendance.

Au dernier chapitre de son *Traité du désespoir* Kierkegaard essaye de découvrir, au-delà de la théologie traditionnelle, qui a lénifié le message, la réponse de Jésus aux questions vitales, mortelles.

Il médite, à travers Jésus, « cette impuissance de Dieu même[3] », ce « scandale que l'on ne peut écarter ». « Qu'est-ce que le christianisme ? C'est, du commencement à la fin, un scandale, le scandale du divin. »

Long pèlerinage au terme duquel Kierkegaard parvient à séparer la foi de la religion, c'est-à-dire des promesses offertes, dans *Ou bien... Ou bien*.

2. *L'Être et le Néant*, p. 717.
3. P. 243.
4. P. 246.

Il passe par l'étape « esthétique » de celui qui vit dans l'instant et ses jouissances ; par l'étape « morale », celle où revient le joug de la « loi », et enfin celle du « chevalier de la foi » parvenu à l'étape de la « religion », ou plutôt de son dépassement, puisque cette foi ne se définit pas par le dogme et ses certitudes mais par le *doute* et ses questions.

La foi comme décision, comme postulat, comme choix : ou bien le monde, ou bien Jésus.

Kierkegaard approche ici, dans « l'angoisse », avec « crainte et tremblement », du renoncement à toutes les promesses, fussent-elles faites à Abraham, pour retrouver l'expérience première, celle du face à face entre l'individualité et la transcendance. Aux dernières lignes du *Traité du désespoir*, ses formules ont la résonance de celles des Upanishads : « Dans son rapport à lui-même, le moi plonge à travers sa propre transparence dans la puissance qui l'a posé. Telle est la définition de la foi[5]. »

Marx

Le grand iconoclasme, la luttte contre les idolâtries de la foi, commencée par Kierkegaard qui fait la critique du christianisme historique et institutionnel à partir de l'individu, se poursuit avec Marx qui en fait la critique du point de vue de la société.

Karl Marx ne fait jamais une critique théologique ou philosophique du christianisme : vivant lui aussi dans l'Europe dominée par l'esprit de la Sainte-Alliance, son point de départ est le refus des justifications idéologiques, religieuses, de l'oppression.

Refus sociologique d'abord et tributaire du moralisme ambiant. Marx appartient à la même génération que Kierkegaard (il a cinq ans de moins).

A vingt-cinq ans, en 1843, il devient socialiste par un choix éthique, par un acte de foi : « L'impératif catégorique de bouleverser tous les rapports où l'homme est un être dégradé, asservi, abandonné, méprisable[6]. »

5. P. 252.
6. *Critique de la philosophie du droit de Hegel*, Éd. Pléiade, p. 390.

Il assigne alors à la classe ouvrière « la mission historique » de la « reconquête totale de l'homme ». Il le fait encore en termes hégéliens : le capitalisme est la négation de l'homme, le prolétariat est la négation de la négation.

Marx, qui s'est toujours déclaré modestement « un disciple critique de Hegel », demeure encore très près de cette conception nécessitaire de l'histoire. Mais un cheminement continu de sa pensée, des *Manuscrits de 1844* au *Capital* et aux lettres de la fin de sa vie, l'amènera à mettre de plus en plus fortement l'accent sur le rejet d'un déterminisme historique dont il dira, à propos du livre de son gendre Paul Lafargue sur le « déterminisme économique » : « Si c'est cela le marxisme, moi, Karl Marx, je ne suis pas marxiste[7]. »

Marx rompt avec le « déterminisme historique » sur quatre points fondamentaux.

1. *L'émergence, avec l'homme, de la finalité consciente.* Dans *Le Capital*, se référant à Vico, il souligne la différence radicale entre l'évolution biologique et l'histoire humaine, faite par les hommes eux-mêmes. Il marque le point d'émergence de la première initiative historique en définissant le travail « sous sa forme spécifiquement humaine », du travail de l'animal : « Ce qui distingue le plus mauvais architecte de l'abeille la plus experte, c'est qu'il a construit la cellule dans sa tête avant de la construire dans la ruche. Le résultat auquel le travail aboutit préexiste idéalement dans l'imagination du travailleur. Ce n'est pas qu'il opère seulement un changement de forme dans les matières naturelles ; il y réalise du même coup son propre but dont il a conscience, qui détermine comme loi son mode d'action, et auquel il doit subordonner sa volonté[8]. »

Ainsi, pour Marx, l'homme, l'histoire humaine, commence avec l'émergence du but conscient, du projet, qui domine désormais, sans la rompre, la trame des chaînes causales.

2. *La transcendance de l'homme par rapport à la nature.* « L'histoire de l'homme se distingue de l'histoire de la nature en ce que nous avons fait celle-là et non celle-ci », proclame Marx dans *Le Capital*. Il redit, dès la première page, dans *Le*

7. Lettre d'Engels à Bernstein du 3 nov. 1882.
8. Marx, *Le Capital*, tome II, p. 59.

18 Brumaire de Louis Bonaparte : « Ce sont les hommes qui font leur propre histoire ; ils ne la font pas arbitrairement, dans les conditions choisies par eux, mais dans des conditions directement données et héritées du passé[9]. »

3. *L'« autonomie relative des superstructures ».* Lorsque certaines formulations de leurs ouvrages de jeunesse risquent de conduire à une interprétation déterministe de leur œuvre, Marx et Engels n'hésitent pas à en faire l'autocritique. Par exemple, dans *L'Idéologie allemande* (en 1845), lorsqu'ils énonçaient ce principe : « Ce n'est pas la conscience qui détermine la vie, mais la vie qui détermine la conscience », ils y ajoutaient ce commentaire malheureux : « De ce fait la morale, la religion, la métaphysique et tout le reste de l'idéologie, ainsi que les formes de conscience qui leur correspondent, perdent toute apparence d'autonomie. Elles n'ont pas d'histoire, pas de développement[10]. » Dans sa lettre à Joseph Bloch du 21 septembre 1890, Engels corrige très fermement : « C'est Marx et moi-même, partiellement, qui devons porter la responsabilité du fait que, parfois, les jeunes donnent plus de poids qu'il est dû au côté économique. Face à nos adversaires qui le niaient, il nous fallait souligner le principe essentiel nié par eux, et alors nous ne trouvions pas toujours le lieu, ni l'occasion de donner leur place aux autres facteurs qui participent à l'action réciproque. Mais dès qu'il s'agissait de présenter une tranche d'histoire, c'est-à-dire de passer à l'application pratique, la chose changeait, et il n'y avait pas d'erreur possible[11]. »

4. *Le « côté actif » de la conscience* (2e et 3e thèses sur Feuerbach). De cette « action réciproque » de la base et des « superstructures » et de l'autonomie des superstructures, Marx donne une illustration éclatante à propos des arts : « La difficulté, écrit-il, n'est pas de comprendre que l'art grec et l'épopée sont liés à certaines formes du développement social. La difficulté réside dans le fait qu'ils nous procurent encore une jouissance esthétique et qu'ils ont encore pour nous, à certains égards, la valeur de normes et de modèles inaccessibles[12]. »

9. Marx, *Le 18 Brumaire de Louis Bonaparte*.
10. *L'idéologie allemande*, Éd. Sociales, p. 23.
11. Marx et Engels, *Études philosophiques*, Éd. Sociales, p. 156.
12. *Contribution à la critique de l'économie politique*, Éd. Sociales, p. 175.

C'est dans cette perspective que l'on peut comprendre pleinement l'attitude de Marx à l'égard de la religion, en situant dans son contexte historique et philosophique, la formule : « La religion est l'opium du peuple », à quoi l'on a prétendu réduire la pensée de Marx.

Lorsque Marx, en 1843, alors âgé de vingt-cinq ans — c'est-à-dire au moment de son choix *moral* du socialisme —, dénonce la religion, comme « opium du peuple », comme caution idéologique des répressions de la « Sainte-Alliance », il souligne, dans la même page *(Introduction à la Critique de la philosophie du droit de Hegel)* que la religion est « à la fois le reflet de la détresse humaine et la *protestation* contre cette détresse ». Comme « protestation » elle peut donc, dans certaines situations historiques, n'être pas un « opium » mais au contraire un ferment de révolte.

Marx et Engels ont parfaitement conscience de « laïciser » l'espérance chrétienne du Royaume de Dieu en marquant leur filiation avec Joachim de Flore à travers son disciple, le pasteur Thomas Münzer, qui dirige, au XVIe siècle, le soulèvement des paysans de Souabe avec ce mot d'ordre inscrit sur leurs bannières : « Seigneur, soutiens ta justice divine. » Engels parle de lui comme d'un « prophète de la révolution ». Il ajoute : « Le Royaume de Dieu était pour lui une société sans classes, sans propriété privée et sans État. » Ce programme politique, conclut Engels, « frisait le communisme » et cette « anticipation géniale » constituait « un arsenal historique » plus riche que celui de toutes les sectes communistes jusqu'en 1848 (c'est-à-dire jusqu'au *Manifeste communiste* de Marx et d'Engels).

Marx apprend de Thomas Münzer, et, au-delà, de Joachim de Flore, le sens de la rupture « apocalyptique » nécessaire à toute révolution.

Si, en effet, le déterminisme historique est souverain, l'avenir ne peut être qu'un prolongement du passé et du présent. C'est le postulat majeur de tout conservatisme. Alors que la transcendance, et non le déterminisme, est le postulat nécessaire de toute révolution.

Marx comme Kierkegaard prend ainsi du recul par rapport à la philosophie de l'histoire de Hegel qui fait de l'homme un moment et un instrument d'une logique prétendant exprimer un plan divin.

Marx dénonce cette orientation du judaïsme et du christianisme historique : « Du moment que juif et chrétien ne reconnaissent plus dans leur religion respective que des étapes distinctes du développement de l'esprit humain, des peaux de serpents rejetées par l'histoire, leur rapport cesse d'être religieux et devient purement critique, scientifique, humain[13]. »

L'« abolition de la religion », dont il parle dans la même page prend son vrai sens lorsqu'il écrit : « L'État soi-disant chrétien est la négation chrétienne de l'État, et ce n'est nullement la réalisation politique du christianisme[14]. »

L'État dont Marx rêve alors « ce n'est pas le christianisme, c'est le fond humain du christianisme qui est le fond de cet État[15] ».

Ce « fond humain », dans *L'Idéologie allemande*, Marx le définit comme il définit le socialisme : Une société créant les conditions économiques, politiques, culturelles, pour que chaque enfant portant en lui le génie de Mozart ou de Raphaël puisse devenir Raphaël ou Mozart[16].

A partir de cette conception de l'« homme total » Marx montre comment l'économie de marché et ses concurrences fait de l'homme un loup pour l'homme, crée une jungle, où « l'avoir » crée une aliénation fondamentale : « Plus tu as et moins tu es », écrit-il dans ses *Manuscrits de 1844*. Toute son œuvre ultérieure consistera alors, par une critique scientifique du mécanisme de l'aliénation dans la société du marché, à découvrir la force capable de surmonter ce chaos. La fin morale posée, il étudie les moyens scientifiques pour concevoir une société échappant aux aliénations du marché et de « l'avoir », pour changer le monde en substituant aux affrontements aveugles un plan conscient et concerté entre tous les membres d'une communauté, c'est-à-dire où chacun ne se considère pas comme le centre, la mesure et la fin de toute chose, mais comme personnellement responsable du destin de tous.

13. *La question juive*, Éd. Pléiade, p. 349.
14. *Id., ibid.*, p. 360.
15. P. 363.
16. *L'Idéologie allemande*, Éd. Pléiade, p. 1288.

Nietzsche, dans la critique du christianisme historique, est allé au-delà de Kierkegaard et de Marx parce qu'il a atteint les racines de toute dégénérescence de la foi en religion.

Ces racines sont le mythe grec de l'être, et le mythe juif de la Loi.

Le mythe grec de l'être qui a fait du christianisme un « platonisme pour le peuple ». Le mythe juif de la Loi qui a fait du christianisme « un judaïsme plus libéral ».

L'un et l'autre consistent à « inventer une autre, une seconde existence[17] ». C'est en quoi consiste, pour Nietzsche, « la décadence ». La décadence de la culture c'est la séparation de la pensée et de la vie. « J'ai reconnu en Socrate et Platon des symptômes de la "décadence". » « La dégénérescence de la philosophie commence avec Socrate[18]. » Rompant en efffet avec la vie « dionysiaque », celle de la philosophie des « présocratiques » qui ne séparaient pas, dans leurs grands poèmes cosmiques, la pensée de la vie, Socrate est à l'origine d'une triple réduction, d'une triple négation de la vie :

— il réduit le concept au mot ;
— il réduit l'être au concept ;
— il réduit la morale à la logique.

Le dogmatisme premier de l'être, et ce despotisme du concept, s'aggravent avec l'invention platonicienne de l'Idée comme Être réel, avec ce corollaire de l'Être en soi : l'Idée du Bien.

Ce dualisme a créé des « arrière-mondes », des fatalités extérieures à l'homme.

Chaque fois qu'une crise historique conduit à douter de ces idéaux, ce dualisme engendre le « nihilisme » qui est leur image inversée. « Que signifie le nihilisme ?

— Il signifie que les valeurs les plus élevées perdent leur valeur. Ce qui manque c'est le but, la réponse au « pourquoi ? ».

La décadence du dualisme de l'Être et de la Loi débouche

17. *Le Gai Savoir*, I, 1.
18. *Ecce homo*, p. 83.

ainsi sur l'affirmation de l'absurde, de l'absence de sens : plus de totalité, plus de sens, plus de but.

La tâche que s'est assignée Nietzsche : « défaire l'œuvre de Socrate », consiste d'abord à déraciner le préjugé de l'Être. De l'Être qui est le Bien. Le Mal étant l'erreur.

Cette lutte contre l'abandon de la vie au profit de projections idéales (L'Être et la Loi) l'amène à une nouvelle vision de Jésus, « le joyeux messager » de la Bonne Nouvelle.

Ce « joyeux messager mourut comme il vécut... non pour ''racheter les hommes'', mais pour ''montrer comment il faut vivre[19]'' ».

Contre la « fable grossière du rédempteur et faiseur de miracles[20] », contre le « Dieu des armées » et de la toute-puissance, Jésus « a nié qu'aucune faille ne séparait Dieu de l'homme », il vécut cette unité de Dieu et de l'homme comme sa « bonne nouvelle[21] ».

On voit ce qui prend fin avec la mort sur la Croix : « une ébauche neuve... de la paix bouddhiste, du bonheur sur la terre[22] ».

Jésus est pour Nietzsche « le joyeux messager[23] ». Il a apporté la « bonne nouvelle » (Eu-angelia, l'Évangile). Contre toutes les formes du nihilisme repoussant la vraie vie dans un au-delà d'autres mondes, d'arrière-mondes, Jésus est celui qui a dit « oui à la vie », contre la Loi ancienne, contre les pouvoirs et les dogmes.

Évoquant la parole de Jésus sur l'inobservance du sabbat pour accomplir des œuvres de vie : cueillir du blé ou guérir un malade, Nietzsche ajoute : « C'est une parole pour tous ceux qui rompent la loi[24] », et plus loin : « Partout où l'on jugeait il a pris parti contre ceux qui jugeaient : il voulait être le destructeur du moralisme[25]. »

L'aphorisme suivant éclaire cette vision : « On vous appellera

19. *L'Antéchrist*, § 35.
20. *Ibid.*, § 37.
21. *Ibid.*, § 41.
22. *Ibid.*, § 42.
23. *Ibid.*, § 33.
24. *Ainsi parlait Zarathoustra*, p. 391.68.
25. *Ibid.*, p. 411.134.

les destructeurs de la morale, mais vous n'êtes que les inventeurs de vous-mêmes[26]. »

Bouddha, souligne Nietzsche, « ne dit plus *combattre le péché*, mais, donnant son plein droit à la réalité, *combattre la souffrance* » (§ 20).

Sa critique des religions s'inspire de la même démarche, de ceux qui font de Dieu un « bouche-trou », une compensation aux défaillances de leur savoir ou de leurs « vertus », il dit : « L'Esprit de ces sauveurs était fait de lacunes, mais dans chaque lacune ils avaient placé leur folie, leur bouche-trou qu'ils ont appelé Dieu. » « Ils ont appelé Dieu ce qui leur était contraire et ce qui leur faisait mal : en vérité il y avait beaucoup d'héroïsme dans leur *adoration* ! mais ils n'ont pas su aimer leur Dieu autrement qu'en crucifiant l'homme[27]. »

Ce que Nietzsche combat en toute religion, c'est le dualisme, l'extériorité : un Dieu séparé de l'homme et non vivant en lui comme l'acte même de la création. Cette critique radicale de l'« aliénation religieuse » est le passage nécessaire pour atteindre la foi. Dans *Ainsi parlait Zarathoustra*, le vieux pape « hors service » décèle cette vérité : « O Zarathoustra, lui dit-il, tu es plus pieux que tu ne le crois, avec une telle incrédulité. Je ne sais quel *Dieu en toi* t'a converti à ton impiété. N'est-ce pas ta piété même qui t'empêche de croire à un Dieu ? Et ta trop grande loyauté finira par t'entraîner par-delà le Bien et le Mal... Auprès de toi, quoique tu veuilles être le plus impie, je sens un secret parfum d'encens et de bénédictions : je le sens à la fois avec douleur et délice... Laisse-moi être ton hôte, ô Zarathoustra, pour une seule nuit ! Nulle part sur la terre je ne me sentirai mieux qu'auprès de toi[28]. » Et Zarathoustra lui répond : « En vérité j'aimerais t'y conduire moi-même, homme vénérable, car j'aime tous les hommes pieux. » Dans ses Aphorismes il ajoute : « C'est la théologie qui a étouffé Dieu, et le moralisme la morale » (59).

L'éternité, pour Nietzsche, c'est la totalité de ce que nous appelons l'histoire, celle du monde et des cultures des hom-

26. *Ibid.*, p. 135.
27. *Ibid.*, p. 108.
28. *Ibid.*, p. 299.

mes. Cette présence du Tout dans l'acte de l'homme, c'est ce que Jésus annonce comme le « royaume » qui est au-dedans de nous et au-dehors de nous, la « présence d'immensité », dit Nietzsche. Telle est la véritable « divinisation de l'homme » qui ne fait qu'un avec le tout. La résurrection, c'est tous les jours, c'est l'éveil, la prise de conscience de cette présence et de ses possibles. L'incarnation, c'est tous les jours, c'est Dieu se mêlant à la vie de l'homme, indivisiblement uni à l'homme.

La foi n'est pas alors l'adhésion à telle ou telle croyance, à telle ou telle vision du monde.

La foi est en tout homme qui s'interroge sur le sens de sa vie. En tout homme qui réalise l'extinction de son égoïsme personnel, de ses visées partielles pour laisser en lui la place à la présence et à l'acte du Tout.

La foi, pour Nietzsche, n'est pas une croyance, mais une volonté, un acte, « l'acte de créer et de se disposer à surmonter[29] ».

« Je suis remonté aux origines : ainsi suis-je devenu étranger à tous les cultes[30]. » Ainsi a-t-il pu entrevoir la foi comme un « éveil », comme les « éveillés vivants » de la tradition hindoue : « J'ai pour précurseur la philosophie du Vedanta et Héraclite[31]. »

« Mes aïeux : Héraclite, Empédocle, Spinoza, Goethe[32]. »

Comme pour eux tous il s'agit « de ne pas confondre le sentiment du moi avec le sentiment organique de l'unité[33] ».

Le moi, c'est la vie dans sa totalité, au-delà de tous les « hasards » et de toutes les illusions du partiel.

Il atteint ainsi la véritable liberté en consacrant sa vie à l'action de ce qui en est la source, et la réalité dernière. « Que veut dire la Bonne Nouvelle ? La vraie vie, la vie éternelle, on ne la promet pas, elle est là, elle est en vous… un monde vrai, un monde éternel : le royaume de Dieu est en vous[34]. »

Et voici aussitôt la « mauvaise nouvelle » : celle de Paul,

29. *Ibid.* Notes et aphorismes.
30. *Ibid.*
31. *Ibid.*
32. *Ibid.*, 215.
33. *Ibid.*, p. 38.
34. *Ibid.*, § 29.

l'homme de la restauration des dualismes anciens. A la Bonne Nouvelle succéda sur-le-champ la plus mauvaise de toutes, celle de Paul..., le contraire du « joyeux messager », le « dysangéliste »... La vie du rédempteur ne pouvait lui être d'aucune utilité..., il se fabriqua une histoire du premier christianisme. Mieux encore : il falsifia l'histoire d'Israël pour en faire la préhistoire de sa mission : avec lui Jésus n'est plus que l'accomplissement, dans une variante nouvelle, de la vieille promesse. « Tous les prophètes ont annoncé *son* rédempteur[35]. »

Celui qui accepte, sur le gibet, la mort de l'esclave rebelle, redevient le Dieu de puissance, le Seigneur.

Paul fut ainsi le fondateur du christianisme historique. Et Nietzsche conclut : « Le christianisme, c'est ce que Jésus a condamné. »

Tel fut le « christianisme de Paul[36] ». A l'inverse de Jésus crucifié, aussi différent du Dieu des Grecs que de celui des juifs, « le Nouveau Testament ne serait que le vieux geai judaïque paré des plumes du paon grec[37] ».

« On a bâti l'Église avec l'opposé de l'Évangile..., l'opposé de ce qui fut l'origine, le sens... On a sanctifié ce que le joyeux messager ressentait comme au-dessous de lui, derrière-lui — c'est en vain que l'on chercherait une plus grande ironie de l'histoire universelle[38]. » « Il n'y eut qu'un chrétien, il mourut sur la croix... la pratique chrétienne, une vie comme la vécut celui qui mourut sur la croix, cela seul est chrétien[39]. »

Ce mode de vie exige la destruction de toutes les idoles, et d'abord de toutes les projections hors de l'homme, de l'Être ou de la Loi, de la conception linéaire de l'histoire qui, de l'Ancien Testament jusqu'à Hegel, fait de l'homme un instrument d'un plan conçu en dehors de lui et sans lui.

A ce dualisme et à cette aliénation Nietzsche oppose « l'éternel retour ».

Le lien entre le dogmatisme de l'Être et de la vérité d'une

35. *Ibid.*, 42.
36. *Ibid.*, 24.
37. René Girard, *Des choses cachées depuis le commencement du monde*, p. 287.
38. *Ainsi parlait...*, *op. cit.*, § 36.
39. *Ibid.*, § 39.

part, du Bien et de la morale d'autre part, est intime : ils reposent l'un et l'autre sur le postulat d'un ordre existant en dehors de nous et sans nous, qu'on l'appelle « être » ou « chose en soi », « souverain bien » ou « volonté de Dieu ».

Ce dualisme est l'âme d'une conception esclavagiste de la religion comme de la science et de son prétendu « progrès » qui laïcise la conception linéaire de l'histoire propre à l'Ancien Testament : temps qui sépare la promesse de son accomplissement.

« L'éternel retour » de Nietzsche est le refus de ces dérives orientées selon des finalités imposées à l'homme du dehors et d'en haut, et qui le font rêver d'une fausse immortalité, prolongement sans fin des fausses vies d'aujourd'hui. Ce qui importe, ce n'est pas cette éternisation, c'est ce que l'on a à éterniser, cette création extatique que l'on voudrait dans la joie expérimenter encore et encore, dont on souhaiterait de toute la force et de toute la joie de sa vie, conquise par la souffrance, l'éternel retour.

« L'annihilation du monde de l'être » du dogmatisme en logique, du formalisme en morale, est la condition nécessaire pour reconquérir l'unité de la vie.

« Ma tâche, écrit Nietzsche, est de préparer à l'humanité un instant suprême de conscience de soi, un grand midi, où il pose pour la première fois dans sa plénitude (libéré des « aliénations » antérieures) la question du : pourquoi ? quelle cause ? quel but ?

Dans ce monde « semblable à une maison de fous », dit Nietzsche, nous justifierons rétrospectivement tous les morts et nous donnerons un sens à leur vie. « Ce dépassement » porte en lui tout le passé, il est gros de tout l'avenir, retour éternel de l'éternel présent.

« Car je t'aime, ô éternité ! »

Affirmer « l'éternel retour », c'est d'abord exclure l'idée d'une création première, à l'origine des temps, qui nous mettrait en présence d'un monde déjà fait, déjà là, comme une fatalité. L'ojectif premier de Nietzsche est précisément « l'annihilation de l'être », de ce fantôme oppressif qui cautionne toutes les dominations.

L'éternel retour exclut aussi la conception du temps linéaire, de quelque nom qu'on l'appelle : providence, évolution, progrès, s'imposant lui aussi comme une fatalité extérieure pour nous fixer notre place dans un plan prédéterminé, par Dieu, par la nature, ou par quelque despotisme humain. Cette finalité extérieure est mutilante. Nietzsche veut « libérer les hommes de la servitude de la finalité ». Il s'agit de la finalité externe. « Le créateur est celui qui crée une fin pour les hommes. » Alors que les fins ont toujours été assignées à l'homme de l'extérieur ou bien dessinées en creux par des besoins insatisfaits, et donc par la vengeance ou le « ressentiment ».

La finalité externe, ou subie, prive l'homme non seulement de sa liberté mais de sa responsabilité. Elle substitue à l'une et l'autre l'angoisse de la faute, du manquement à la loi, du péché.

Contre toutes ces formes de dualisme et d'extériorité l'éternel retour veut nous délivrer du temps. Cette délivrance n'est possible que par le dépouillement de tout ce qui nous limite à notre petit moi : à nos désirs partiels, à nos passions exclusives, à nos préjugés historiquement déterminés. La « volonté de puissance » de Nietzsche n'est pas celle d'un conquérant ou d'un dominateur. Ce sont les idéologues de l'hitlérisme qui ont ainsi interprété la pensée de Nietzsche pour l'annexer à leurs rêves de domination. La volonté de puissance n'est pas une volonté individuelle. Elle exige au contraire une ascèse, pour laisser émerger en nous la volonté du tout. « Pour être le créateur il est besoin de peine et de bien des métamorphoses[40]. »

L'éternel retour est d'abord un retour à soi. La prise de conscience, comme dans les sagesses de l'Orient ou dans le témoignage de Jésus, que ce qu'il y a de plus intime en moi, ce n'est pas le petit moi individuel, mais le tout qui l'habite et auquel il appartient. Nous sommes ici tout proches de la sagesse taoïste, dont Tchouang Tseu définissait le principe (voir plus haut p. 139) : le surhomme n'a pas de « moi » propre... car il est un avec le tout.

Le sentiment de cette présence Nietzsche l'appelle l'amour de l'éternité : « Imprimez à votre vie le sceau de l'éternité[41]. »

40. *Ainsi parlait Zarasthoustra*, II, Aux îles fortunées.
41. *Fragments*, Gallimard, tome V, 11, 264, p. 396.

L'éternel n'est pas un être extérieur à l'homme. L'éternel travaille le présent. L'invention du futur n'est pas un rejet du passé mais son dépassement. Se « surmonter » c'est porter en soi tout le passé et un présent gros de tout l'avenir. Dieu se révèle en chaque acte de création, de sacrifice, de dépassement.

Dieu n'est pas dans l'extériorité des religions : « Ce n'est qu'après la mort de la religion que l'invention du divin retrouvera toute sa luxuriance[42]. »

Dieu n'est pas un être mais un acte.

L'acte par lequel l'homme se révèle trop grand pour se contenter de ce qu'il fut.

« Vous parlez du déchirement de Dieu par lui-même, mais il s'agit seulement de sa mue. Il change de peau, de peau morale. Vous allez bientôt le voir resurgir par-delà le bien et le mal[43]. » Ce sera l'homme habité par l'éternel et le Tout.

Cet athéisme est peut-être, par-delà toutes les aliénations « religieuses », la dernière étape avant la foi, comme l'écrivait Kierkegaard. Une étape inévitable et salutaire.

Nietzsche lui-même, qui le premier annonça : « Dieu est mort », suggère ce passage, cette « métamorphose du divin », cas particulier et exemple suprême du divin, cas particulier et exemple suprême de sa « transmutation des valeurs », lorsqu'il accuse le christianisme historique de « faire perdre à l'homme le sens du divin ».

Ce christianisme-là (dans lequel il ne met nullement en cause Jésus) est, selon lui, culturellement non crédible et moralement inacceptable. Il est « l'arôme spirituel » (comme disait Marx) d'*une civilisation en « décadence »*.

La pensée ne peut être que l'expression poétique de l'incessant devenir de la vie et de son éternelle activité créatrice. Sans quoi elle devient justification mercantile et servile du chaos social et de ses hiérarchies. Le mérite essentiel de cette théorie de la connaissance de Nietzsche — ou plutôt de sa négation —, c'est d'obliger tout savoir, et d'abord celui de la science et celui de la morale, à prendre conscience des postulats sur lesquels il se fonde.

42. Werke, XI, 2, p. 440.

43. Cité par E. Diet dans *Nietzsche et les métaphores du divin*, Éd. du Cerf, 1972.

Nietzsche fut l'athée le plus radical et le plus profond, et, comme tel, le pionnier de la foi éternelle et toujours nouvelle.

Son œuvre est le fleuve de feu que traverse sans risque toute foi vivante, c'est-à-dire non pas une religion apportée du dehors, comme un cathéchisme, mais une fois enracinée dans l'expérience quotidienne de l'homme.

« Nous sommes, disait Malraux, la première civilisation qui, à la question : Quel est le sens de la vie ? Qu'est-ce que les gens font sur terre ? répond : je ne sais pas. »

De quelles expériences naissent ces questions ?

Des expériences qui nous permettent de dire, avec Nietzsche : « Le christianisme est encore possible à tout instant. Il n'est lié à aucun des dogmes éhontés qui se sont parés de son nom... Le christianisme est une pratique et non une doctrine. Il nous prescrit comment agir et non ce qu'il faut croire[44]. »

Le Dieu dont nous avons aujourd'hui besoin n'est pas celui des théologies de la domination qui n'a cessé de régner depuis Paul jusqu'à l'actuel *Catéchisme de l'Église catholique* de 1992.

Le Dieu dont nous avons aujourd'hui besoin, dans un monde où le monothéisme du marché oppose une poignée de nantis à des multitudes traquées par la faim, est le Dieu qu'a révélé Jésus : un Dieu dont la transcendance ne s'exprime pas à travers la puissance, comme le Zeus souverain des Grecs ou le Dieu des armées des juifs, mais où le divin se révèle à travers le plus faible et le plus démuni.

44. *Ainsi parlait...*, *op. cit.*, § 39.

4. Comment parler de la foi à un homme irréligieux ?

« Comment annoncer l'Évangile à un homme irréligieux ? » C'est la question que se posait le pasteur Bonhoeffer.

Ce n'est point un hasard si les questions ultimes de la théologie et de ses renouvellements les plus inattendus en notre siècle ont été posées par le pasteur Dietrich Bonhoeffer en sa prison de Berlin-Tegel, entre le jour de son arrestation le 5 avril 1943 et le jour de son exécution par la Gestapo le 9 avril 1945.

« Les gens religieux parlent de Dieu quand les connaissances humaines se heurtent à leurs limites ou quand les forces humaines font défaut..., soit pour résoudre en apparence des problèmes insolubles, ou bien pour le faire intervenir comme la force capable de subvenir à l'impuissance humaine ; bref, ils exploitent la faiblesse et les limites de l'homme... J'aimerais parler de l'homme non aux limites, mais au centre, non dans la faiblesse mais dans la force... La foi en la résurrection n'est pas la solution du problème de la mort... Dieu nous fait savoir qu'il nous fait vivre en tant qu'hommes qui parviennent à vivre sans Dieu. Le Dieu qui est avec nous est celui qui nous abandonne (Mc 15, 34 : "Mon Dieu, mon Dieu, pourquoi m'as-tu abandonné ?")[1]. »

« Comment annoncer l'Évangile à un homme irréligieux ? » Ce problème est plus que jamais le nôtre au milieu des nouvelles faillites de l'homme.

1. Dietrich Bonhoeffer, *Résistance et soumission*, Éd. Labor et Fides, Genève, 1963, p. 123 et 162 (Lettre du 16 juillet 1944).

Seule est possible une théologie fondamentale, c'est-à-dire dégageant les fondements de la foi à partir d'expériences humaines. A toute question de l'homme il ne peut être répondu qu'à partir d'une expérience de l'homme. Y compris la question de la foi.

Impossible donc de partir de la révélation comme si elle était un *fait*.

Nous sommes contraints, par chaque rencontre avec l'athéisme, de prendre conscience qu'elle est un *postulat* avant d'être une *expérience*.

Cette expérience est l'expérience d'un appel, d'un plus-être, de la prise de conscience d'une force qui est *en nous sans être à nous*. Par exemple la force de créer une œuvre d'art qui n'est pas seulement l'expression de ce que nous sommes, la simple résultante de nos pensées ou de nos pulsions anciennes, mais une création qui dépasse son créateur. Cette expérience ne peut se décrire par des concepts et des mots comme ceux qui nous permettent de définir les choses déjà là, déjà existantes.

Cet avenir inespéré, je ne puis que l'évoquer par symboles, par mythes. La « démythologisation » de la foi pour lui rendre son intériorité, comme le proposait Bultman, n'est qu'une étape préliminaire de l'accès à une foi adulte, car le mythe ou le symbole est le seul langage possible pour exprimer la transcendance, c'est-à-dire pour nier la « suffisance » du monde et l'ouvrir à un avenir inédit.

Pour les croyants comme pour les incroyants, il est dangereux d'employer le mot « Dieu » si l'on oublie de rappeler au croyant que s'il croit que ce Dieu est transcendant, sans commune mesure avec lui, il ne peut ni le percevoir, ni le concevoir, mais seulement le désigner par image, symboles, mythes, poésie.

Le mot même de Dieu est dangereux par les connotations anciennes qu'il implique : Roi tout-puissant dont on attendrait le pouvoir souverain et magique pour lui adresser nos demandes sous forme de prières qui nous conduiraient à l'oubli de nos responsabilités. Juge ultime dont on oublierait que les jugements que l'on croit qu'il porte sont empreints des morales dominantes et des « valeurs » sociales de chaque époque, que chaque génération a l'illusion de croire éternels.

Il ne suffit pas d'inverser ces images « conservatrices » de Dieu, « constantiniennes », et de dire par exemple que « Dieu est libération » en oubliant qu'il s'agit encore d'une image pour proclamer que si la vie a un sens (ce qui est une autre manière de dire « Dieu »), ce sens n'est pas déjà écrit hors de nous et sans nous, dans une histoire ou une évolution qui serait orientée d'avance vers le triomphe de la liberté...

Il ne suffit pas de remplacer Constantin par Che Guevara pour sortir de cette théologie pré-critique.

Dire « Dieu est libérateur » est une métaphore, une image symbolique, un appel à une vigilance critico-prophétique pour s'arracher à ce qui est, ce qui ne contient pas en lui un avenir nécessaire. Ce postulat défatalise l'histoire. Mais c'est un postulat. Personne ne m'attend. Et rien ne m'est promis.

« Dieu » est appel à mon propre dépassement. Il inspire une pratique concrète de ce dépassement. Il n'y a pas de sens à dire à un enchaîné : Dieu te libère, si je ne fais rien pour briser ses chaînes. Il n'y a pas de sens à lui dire : Dieu t'aime, si rien n'est fait, par celui qui prétend en témoigner, pour changer sa situation.

La foi et ses symboles, son langage nécessairement symbolique, peut être comparée, dans nos rapports avec les autres, à ce qu'est l'hypothèse scientifique dans nos rapports avec la nature : elle joue un rôle analogue en nous suggérant l'essai d'une méthode pour agir sur la réalité humaine comme l'hypothèse sur la réalité des choses.

L'utopie, lorsqu'elle n'est pas une rêverie sans racine et sans responsabilité, joue à l'égard de l'action sociale le rôle de l'hypothèse dans la recherche scientifique : une anticipation non dogmatique mais critique, opératoire et contrôlée.

Le positivisme sous-estime le rôle de l'hypothèse en prétendant procéder à des « constats » de faits et de lois immuables qui conduisent, sur le plan humain, au conservatisme d'un ordre établi au terme d'un long progrès dont la société actuelle serait le fruit et la fin.

Ce positivisme règne encore sur une grande partie de la communauté scientifique.

Mais il déborde largement le cercle des savants, des professeurs ou des institutions. Il est distillé chaque jour par une prétendue « information ». La télévision submerge l'usager de « faits », ou d'images, de clichés, sans jamais dégager, par exemple, le lien interne et profond qui relie une explosion de violence aux Minguettes ou à Mantes, avec une famine en Éthiopie, une guerre dans le Golfe, une littérature de l'absurde, une série télévisée de *Dallas* ou un « Disneyland ». Ces manipulations de l'opinion par les médias, où la politique devient spectacle et non participation, l'art divertissement aliénant et non célébration, la religion ritualisme et show-business et non questionnement, sécrètent un « positivisme de masse » anesthésiant ce qu'il y a de proprement humain en l'homme : l'interrogation sur le sens de notre vie et de notre histoire.

L'expérience du postulat est celle du besoin d'une rupture avec ce positivisme sous toutes ses formes. Elles ont ceci de commun : elles ignorent ou excluent l'hypothèse, le postulat et le sens, au profit du constat passif et de la vérité toute faite en dehors de nous et sans nous.

L'oubli ou la négation de la foi naissent de cette destruction de l'homme. En langage de théologie l'on dirait : la mort de Dieu découle de la mort de l'homme. D'un homme mutilé de ses dimensions humaines : se poser la question du sens de sa vie, aimer, créer au-delà de lui-même.

Toute prédication est vaine, toute religion est spectacle, si elle n'a pas pour but premier de chasser cette torpeur.

Ernst Bloch résumait ainsi le message de Thomas Münzer, le théologien qui dirigea, au temps de Luther, la guerre des paysans d'Allemagne et fut crucifié par les seigneurs : « Soyez des hommes et Dieu sera Dieu ! »

Un homme aliéné par l'écrasement d'un travail robotisé, par les « divertissements » de loisirs standardisés, par la tétanisation du spectacle, télévisé ou non, des arts du non-sens et des fausses vies, cet homme aliéné, châtré de ses dimensions humaines du choix critique et du projet, de l'amour, du pouvoir de créer, d'inventer le futur, cet homme en proie au fétichisme technocratique, à l'idolâtrie du marché, à l'opium du non-sens, ne peut avoir qu'une conception aliénée de la foi soit pour la nier, soit pour la muer en dévotion bigote.

La démarche de la « théologie fondamentale » est donc une négation de la négation : l'homme est nié, dépossédé de son humanité dans la société du non-sens, la négation de cette dépossession exige une restauration de l'homme sans quoi il ne peut y avoir de restauration de la foi.

Toute théologie de la révolution exige une révolution de la théologie, disait le pasteur Georges Cazalis.

Il faut commencer par le commencement : à partir de quelles expériences vitales l'homme a-t-il pu parler de Dieu dans les religions « révélées », ou de participation à l'Un, à l'absolu, comme dans les sagesses de l'Orient, du tao, du vedanta, du bouddhisme ou du tchan ? A partir de quelles expériences vécues de l'homme d'aujourd'hui peut surgir l'exigence d'une foi qui ne naisse pas d'un échec, d'une impuissance ou d'un manque, mais d'un besoin de plénitude ?

Il est possible de dégager la racine de ces expériences sans employer le mot « Dieu » ni celui d'« absolu », mais de postulat, d'amour et de création.

Le postulat

La première de ces expériences aujourd'hui est celle du besoin d'un élargissement du champ de la raison.

La tâche de la raison est de poser et de résoudre les problèmes permettant aux hommes de créer un avenir à visage humain.

Aujourd'hui, elle ne joue pas ce rôle. Pourquoi ?

Parce que ce qu'on a pris l'habitude d'appeler « la raison » est une raison « positiviste », c'est-à-dire une raison infirme, mutilée de sa dimension essentielle : elle ne pose plus le problème des *fins*, mais seulement celui des *moyens*. Si bien que nous disposons de moyens gigantesques pour atteindre n'importe quelle fin, même criminelle. L'on a confondu le pragmatisme avec la philosophie de l'action : en posant seulement la question du *comment* ? et jamais celle du *pourquoi* ?

Dans cette voie la science dégénère en scientisme, la technique en technocratie, la politique en machiavélisme.

Le scientisme est une forme de superstition, ou plutôt d'intégrisme totalitaire, fondé sur ce postulat : la « science » peut résoudre tous les problèmes. Ce qu'elle ne peut mesurer, expérimenter et prédire n'existe pas. Ce positivisme réducteur exclut les plus hautes dimensions de la vie : l'amour, la création artistique, la foi.

La technocratie est cette forme de somnambulisme d'une technique pour la technique, ne se posant jamais la question des fins. Elle se fonde sur ce postulat : tout ce qui est techniquement possible est souhaitable et nécessaire. Cette « raison » engendre les pires déraisons. Y compris l'arme nucléaire et la « guerre des étoiles ». C'est une religion des moyens.

Le machiavélisme, c'est l'animalité d'une politique définie par une technique de l'accès au pouvoir, et non comme une réflexion sur les fins de la communauté humaine et, *ensuite*, la mise en œuvre des moyens pour atteindre ces fins.

Ces « dérives » de la raison infirme, positiviste, conduisent le monde à la mort, non par manque de moyens mais par absence de fins.

Tel est le problème majeur qui se pose aujourd'hui : celui des priorités, des fins, des valeurs, du sens. D'une réflexion ne portant pas seulement sur la possibilité et les méthodes des sciences et des techniques, mais d'abord sur leurs fins : quels objectifs doit s'assigner la recherche scientifique pour servir à l'épanouissement de l'homme, et non à sa destruction ? Le problème premier est de lier la science expérimentale, qui est découverte des moyens, à la sagesse, qui est recherche des fins : remonter de fins subalternes à des fins plus hautes, en direction de la fin dernière. Alors la critique de la connaissance prendra son véritable sens en ne reliant pas seulement la science à la sagesse, mais aussi la sagesse à la foi ; car ni la science dans sa recherche des causes, ni la sagesse dans sa recherche des fins, ne peuvent atteindre ni la cause première, ni la fin dernière. La foi commence où finit la raison. Pas avant. Pas avant que la raison plénière, celle qui recherche à la fois les causes et les fins, ait mis en œuvre tous ses pouvoirs.

Ce mouvement, dans sa plus totale liberté, amène la raison à prendre conscience à la fois de ses limites et de ses postulats.

La foi n'est plus alors ce qui contredit ou contraint la raison, mais au contraire ce qui l'empêche de s'enfermer sur elle-même dans cette « suffisance » qui est le contraire de la transcendance. La foi est une raison sans frontière.

Dans la première moitié de ce siècle, le développement des sciences nous a fait prendre conscience, par la relativité et les *quanta*, qu'elle n'est pas devant le monde comme devant un donné mais comme devant une œuvre à créer, et toujours en naissance.

Dans la deuxième moitié de ce siècle, la décolonisation, en nous rendant le contact avec les sagesses de trois mondes, a rendu possible un effort pour relativiser la « raison » occidentale, celle qui, avec Descartes, excluait la réflexion sur les fins, celle qui, avec le positivisme d'Auguste Comte, prétendait réduire le monde à la seule dimension des faits et de leurs lois. Celle qui, depuis Platon et Aristote, a élaboré une philosophie de l'Être, au lieu d'une philosophie de l'Acte.

La raison de l'homme n'est pas le reflet des structures d'un être, elle est acte de la création continuée. Nos « produits » et nos institutions ne sont que le sillage fossilisé de notre raison créatrice.

Le débat sur la raison n'est pas un débat académique. La « raison » positiviste, infirme, mutilée, est en train d'assassiner nos petits-enfants. L'obliger à devenir raison plénière, à réfléchir sur les fins et sur le sens, c'est l'empêcher de rester la servante de la « nécessité » et du « hasard » de Monod, d'une vie qui serait la « passion inutile » de Sartre, ou « l'absurde » de Camus.

Refuser la réflexion sur le sens et les fins, c'est mutiler l'homme de sa dimension transcendante : le monde n'est plus alors que l'arène sanglante où s'affrontent aveuglément les volontés de croissance et les volontés de puissance des nations ou des individus, avec leurs « équilibres de la terreur ». Le résultat, « l'événement », est alors, comme écrivait Marx, « quelque chose que personne n'a voulu » : une crise, une guerre, une Europe ne sachant que faire des viandes et du beurre de ses frigorifiques, et un Tiers Monde voué à la faim, ou une archaïque bataille de l'école, oubliant le problème central : celui des fins de l'éducation et de l'éducation des fins.

L'épopée humaine de millions d'années peut aujourd'hui capoter : nous avons, pour la première fois dans l'histoire, les moyens techniques de détruire toute vie si une raison plénière ne leur assigne d'autres fins.

La foi des uns prenant la forme d'une religion infantile pour nous consoler par des illusions, ou la raison nécrosée des autres, nous enfermant dans des interdits, sont l'un et l'autre des postulats.

Dire : la vie a un sens, non point déjà écrit mais présent comme une irrécusable question, est un postulat.

Dire : la vie est absurde, parce qu'une raison bâillonnée croit esquiver la question du sens, est un autre postulat.

Mais un postulat, s'il n'est pas démontrable, n'a rien d'arbitraire : il rend possible une action.

La valeur d'un postulat, sa vérification, dépendent des conséquences qui en découlent.

Si je veux fabriquer une table qui tienne droite, ou bâtir un mur qui ne tombe pas, je dois faire comme si le postulat d'Euclide avait à notre échelle une valeur absolue.

De même si je veux que ma vie ait un sens je dois postuler qu'elle en a un, même s'il est de ma responsabilité à tout risque de chercher cette fin.

C'est un postulat aussi de refuser fût-ce la possibilité d'un sens, d'une fin. Un postulat qui fonde une « religion des moyens », la plus répandue de nos jours, il est vrai. Chaque moyen devient alors sa propre fin : l'économie n'en ayant plus d'autre que sa propre croissance, la politique et le pouvoir que sa propre puissance ; l'art s'il n'a plus de fin, s'il n'est plus anticipation de sens possibles, n'oscillera plus dans le monde du non-sens qu'entre le reflet du chaos de ce qui est, ou l'arbitraire de nouveaux non-sens.

Telle est la première expérience, celle de la décision responsable et du choix entre deux postulats qui commandent une forme de vie : l'acceptation du non-sens de ce qui est, et l'intégration du style de vie qu'il implique : joies de supermarchés, défoulements des violences télévisées, football des écrans, charters comme ersatz d'évasion, l'ennui aseptisé, l'anesthésie, le handicap mental à la portée de tous et le troisième âge précoce.

Ou bien le postulat du sens, avec sa responsabilité et ses risques, ses angoisses et ses espoirs.

Liberté mortifère d'indifférence ou de négation, ou liberté tragique de la participation à la création du sens.

L'amour

« Être pour les autres est l'unique expérience de la transcendance », disait Bonhoeffer.

La deuxième expérience, et la plus décisive, est en effet celle de l'amour, parce qu'elle est la première brèche dans le monde des choses dans lequel nous enferment les postulats du positivisme : nous ne sommes pas entourés que d'objets, d'une nature inerte, dont nous aurions seulement à devenir « maîtres et possesseurs » comme le voulait Descartes. Dans ce qui nous entoure il y des visages, et, derrière eux, ce qui n'est pas seulement un objet, un « non-moi », mais des sujets. Un visage n'est pas seulement une image mais un signe. Un signe qui désigne, au-delà de ce qui est perçu, une présence et son sens : du défi ou de l'humilité, de la colère ou de l'amour.

Le moi, comme l'écrivait Martin Buber, rencontre un « tu ». Ce n'est pas une chose que je peux saisir par un concept, ce n'est pas un instrument ou un obstacle.

Dans le monde décrit par Hobbes, « l'homme est un loup pour l'homme ». Il en est généralement ainsi dans un monde obéissant à la seule logique du marché, qui, par sa concurrence est une logique de jungle : une logique de guerre, de guerre de tous contre tous, « l'autre » ne pouvant être qu'un concurrent, un rival, un obstacle, ou bien un moyen de ma propre promotion.

L'individualisme, où chaque « moi » est enfermé dans son sac de peau, comme un atome séparé de tous les autres par un vide, est le produit d'une époque historique. L'opposant à la personne, dans son rapport avec l'autre et le tout autre ; Péguy disait : « L'individu, c'est le bourgeois que tout homme porte en lui. »

Dans cette conception à la fois insulaire et agressive, la liberté de chacun, confondue avec sa propriété, est cadastrée comme elle. Ma liberté s'arrête alors où commence la liberté d'autrui, comme une propriété est bornée par la propriété des autres propriétaires. Mais la liberté des autres n'est pas la limite de ma liberté. Elle en est la condition.

Au-delà de cette période historique, caractéristique d'une société marchande, et même à l'intérieur d'une telle société, des hommes et des femmes n'en acceptent pas les cloisonnements et les affrontements. L'autre n'est pas un moyen de plaisir ou de service. Non pas un obstacle, mais une ouverture permettant le passage de l'individu à la personne, de l'être à la relation, de l'insularité à la fécondation réciproque.

Et cela s'appelle l'amour.

La sortie de soi, fondamentale et première.

L'homme n'est pas né Robinson. Il a un père et une mère. Il vit dans une communauté, en osmose avec elle. L'idée d'un moi individuel suffisant à lui-même est une abstraction.

La personne ne peut émerger du monde animal que lorsque cette solidarité de la communauté ne se réduit plus aux fonctions de chaque membre comme dans la ruche, la termitière ou la horde, consacrées à la subsistance, à la défense et à la propagation de l'espèce.

La vie proprement humaine commence lorsque les fins de la société ne sont plus inscrites d'avance dans les instincts.

Avec la conscience et le choix des fins, ce n'est pas seulement le travail qui devient un travail humain, c'est-à-dire précédé par la conscience de son but.

L'homme est l'animal qui fait des outils et des tombes.

Les outils témoignent du détour de la création de *moyens* pour atteindre une fin. Cela s'appelle la conscience, et plus tard la science.

Les tombes attestent que l'homme ne laisse plus ses morts réintégrer le cycle des métamorphoses de la vie simplement naturelle. Il considère sa vie comme distincte de la simple nature puiqu'elle implique le *sacrifice*. Même si nous en ignorons les rites et les intentions, il y a là les traces d'un travail qui n'est plus directement utilitaire.

L'outil et le sacrifice sont les deux premiers témoins de communautés spécifiquement humaines.

De l'outil il a été beaucoup parlé, au point que l'on a cru, en Occident, pouvoir définir et hiérarchiser la civilisation humaine à partir de ce seul critère : âge de la pierre taillée, de la pierre polie, du bronze, du fer, et, plus tard, de la vapeur, de l'électricité, de l'atome...

Du sacrifice et de son histoire, en Occident, il a été fait moins de cas bien que de lui soient nées non seulement les questions que se posait l'homme sur le sens de sa vie, à travers les religions, les arts, et plus simplement les rapports proprement humains de communauté. A l'inverse de l'individualisme occidental, celui des Grecs, comme celui qui règne de la Renaissance à nos jours, celui qui fait de l'individu le centre et la mesure de toutes choses, la communauté est une forme de rapports humains où chacun se sent responsable de l'action de tous les autres.

Le travail est le principe de nos rapports avec la nature.

Le sacrifice celui de nos rapports avec les autres.

L'amour, sous sa forme proprement humaine en est la forme première.

La sexualité, lorsqu'elle n'est pas exclusivement l'instinct de propagation de l'espèce, comme dans le monde animal, est une première sortie du « petit moi ».

Éprouver le besoin de l'autre, c'est prendre conscience que je ne me suffis pas à moi-même. Je ne suis plus à moi-même ma propre fin. Je suis un être inachevé qui ne peut s'accomplir que par la complémentarité de l'autre, d'une femme pour un homme, d'un homme pour une femme.

Besoin conscient car la conscience proprement humaine est d'abord celle de cet inachèvement par lequel, à la différence de tout animal, l'homme éprouve comme une question le sentiment de ce qui lui manque pour devenir pleinement humain. De cette question émerge le problème du sens. Il ne se pose que lorsque déjà l'homme a conscience de n'avoir plus en lui-même son centre. Mon centre n'est plus mon moi. Il est dans l'autre. Dans cet autre que, par l'amour, je porte en moi. Perte du « moi » fondé sur l'illusion d'être unique. Retour au « soi » enrichi de la présence de l'autre. Où nous ne faisons ni deux, ni un (comme le disent, en leur langage, l'*advaïta* védantin ou la trinité chrétienne).

Être un et deux, comme les pôles indissociables de l'« aimant ».

Le sacrifice est aussi ce qu'il y a de proprement humain dans l'amour : préférer le plaisir de l'autre au sien propre, la joie de l'autre à la sienne, la vie de l'autre à la sienne. Telle est dans l'acte d'amour l'expérience de base de la transcendance, qui est le contraire de la « suffisance » : le « moi » dans l'illusoire solitude de sa « suffisance » met en cause ses propres fins en ordonnant sa propre vie à l'autre comme une fin nouvelle.

« Je pense, donc je suis. » Tant d'inhumanité en si peu de mots ! Comme si je n'existais pas avant de penser et comme si cette pensée n'était pas habitée par l'histoire et la culture des générations antérieures.

« Nous aimons, donc nous sommes. » « En toi, je suis. » Loi première de toute vie proprement humaine.

Une nouvelle naissance, une nouvelle création, car la totalité nouvelle que nous formons par l'amour est quelque chose d'autre et de plus que l'addition des forces de chacun.

L'émergence de ce radicalement nouveau que l'on ne peut « déduire » à partir de chacun des éléments, mais seulement produire par leur rencontre, est une forme plus haute encore de l'expérience de la transcendance et qui naît de la première sortie de moi dans l'amour. La première ébauche de la transcendance était le dépassement de ses propres frontières. La seconde est celle de l'émergence de ce qui est radicalement nouveau et ne peut se réduire à la somme ou à l'addition des parties.

Le surgissement de cette présence à laquelle on ne peut assigner un mot ni un *concept* est, pour la raison simplement déductive, un mystère sinon un scandale.

Elle a pourtant sa source dans l'amour, cette polarité spécifiquement humaine du sexe et du sacrifice.

Cette unité, racine de l'humain, doit être préservée contre tout dualisme : ni sexualité sans amour, ni défiance du sexe.

La sexualité sans amour est un produit de l'individualisme mutilant pour lequel tout ce qui n'est pas « moi » est un moyen de ma jouissance et de mon pouvoir.

Cet usage de la sexualité est comparable à celui de la drogue comme jouissance solitaire et puissance illusoire. La forme actuelle de la publicité pour les préservatifs illustre cette dégradation.

Le préservatif n'y est plus présenté comme l'un des moyens de ne plus laisser la naissance au hasard, forme de la maîtrise sur la nature, faisant de la procréation un acte volontaire, un acte de culture. Mais il est présenté comme un produit de la peur, notamment du sida, et comme un moyen de garantir la sécurité de rencontres occasionnelles en allant à la discothèque pour y échanger deux plaisirs solitaires, sans amour et sans lendemains.

Comme si le « jeu » sexuel était, pour oublier le non-sens quotidien de la vie, un dopage désespéré, de même que l'excès de l'alcool ou des décibels.

Curieusement les interdits prétendument « religieux » partent d'une même conception de la sexualité : du même séparatisme de la matière.

Pourtant, dans les Évangiles (Mt 12, 3-9 ; Mc 10, 2-12 ; Lc 16, 18) lorsqu'est abordé le problème du mariage, sous l'aspect d'ailleurs étriqué de la casuistique des pharisiens sur la répudiation, Jésus échappe à leur piège en rappelant seulement que dans la Genèse (1, 27) l'homme complet est celui du couple : homme et femme il les créa, et ils ne furent qu'une seule chair. Le formalisme de la Loi, en matière de « répudiation » ignore, dans sa définition de l'adultère, le rapport proprement humain du mariage. A aucun moment Jésus, dans les Évangiles, n'invoque la fécondation comme finalité du mariage, ni n'exprime la moindre méfiance à l'égard de la sexualité.

Une longue tradition catholique, remontant à saint Paul et à sa conception de la femme, a si longtemps enseigné le contraire, que le concile de Vatican II a dû rappeler que « le mariage n'est pas institué en vue de la seule procréation » (*Gaudium et Spes*, 2, § 50, 3).

Cette sorte de biologie théologique (comme disait à ce sujet le père Teilhard de Chardin) a conduit à des résultats inverses de ceux qu'on lui assignait : saint Paul a montré que comme contrainte extérieure « la loi produit la colère » (Rm 4, 15) et, même s'il la considère comme « sainte » (7, 3) lorsqu'elle s'exerce comme « commandement », elle conduit à « la virulence du péché » *(idem)* et elle divise l'homme, « la loi est spirituelle et moi je suis charnel » (7, 14). Ne pouvant appliquer cette loi parce que le péché l'habite, il est acculé au dualisme, au séparatisme de la matière : « Qui me délivrera de ce corps qui appartient à la mort ? » (7, 24).

Il suffit d'inverser ce rapport, à l'intérieur du même dualisme, pour entendre le cri de la révolte contre des injonctions qui ne peuvent s'appliquer à l'homme entier, esprit et corps. Qui me délivrera de ces contraintes qui m'empêchent de vivre ? La loi n'est plus alors seulement le « révélateur » du péché, elle y conduit, par un angélisme coupant l'homme en deux : l'âme et le corps.

Mépriser le corps ou même le diaboliser, tant que l'Église avait pouvoir de répression, conduisait à l'hypocrisie de la « faute » cachée. Lorsqu'elle a perdu ce pouvoir, même sur les esprits, la réaction de révolte s'exprime ouvertement, dans la parole et dans la pratique. Le corps, à son tour, fait sécession, et s'érige en souverain.

La dure vérité de Nietzsche se manifeste dans le quotidien : « Le christianisme a donné du poison à boire à Éros. Il n'est pas mort, mais il a dégénéré en vice. »

Tel est le châtiment de qui n'accueille pas l'homme dans sa totalité. Car le sexe ne devient un démon que lorsqu'on en a fait un dieu.

Le sexe n'est pas seulement le médiateur matériel de l'espèce pour sa propagation. Dès que l'homme émerge de l'animalité, par l'outil et le sacrifice, il n'est plus seulement un fait de nature, mais de culture. Le corps est le moyen d'expression de l'homme, dans le don et le sacrifice pour transformer l'autre, se transformer lui-même, comme dans le travail pour transformer la nature.

Le rapport d'amour entre l'homme et la femme fait échapper à la mort. Pas seulement parce qu'il perpétue la vie naturelle de l'espèce, mais parce qu'il arrache l'individu qui naît et meurt à son artificielle solitude. Il le fait entrer en participation avec une réalité humaine qui le dépasse et ne meurt pas : la communauté culturelle proprement humaine, celle du sacrifice. L'égoïste ou l'avare s'en excluent ; l'homme et la femme en sont exclus par un système social réduisant l'homme à n'être que producteur et consommateur, c'est-à-dire le réduisant au seul rapport avec la nature par le travail et le besoin, et excluant ses dimensions proprement humaines (qu'en un autre langage on appelle divines et transcendantes) précisément parce qu'elles brisent le cercle du besoin et du travail.

Celui qui n'aime pas demeure dans la mort. Cet amour entre l'homme et la femme, cette première sortie du « moi » par le désir de l'autre, crée une réciprocité et une forme nouvelle d'échange qui n'est plus l'échange fonctionnel et totalitaire, mais échange du don et du sacrifice par quoi l'homme devient humain.

La création

La troisième expérience de la transcendance est celle de la création, de cette création continuée de l'homme par l'homme, par tous les hommes et tous les jours, et qu'on appelle l'histoire. Pas seulement l'histoire des outils et des techniques qui ont en effet contribué à la construire, pas du tout celle des guerres et des dominations qui n'ont cessé de la détruire, mais celle de tous les projets victorieux ou avortés qui ont tendu vers l'émergence de l'homme total.

Chaque œuvre de l'art se lit comme un visage qui rend physiquement visible l'invisible du sens. De la danse à la peinture, de la musique au cinéma, du théâtre au roman, l'art est l'expression de la vie des autres, pas leur reflet mais le sens qu'ils ont donné à cette vie, les projets possibles à tous les âges de l'humanité.

Les arts nous transmettent par une sorte de contagion totale, indivisiblement physique et spirituelle cette profusion des manières d'exister, alors que l'histoire n'enregistre que celle qui ont triomphé, car elle est toujours écrite par les vainqueurs.

Les arts seuls, fût-ce par leurs vestiges mutilés, peuvent nous permettre de revivre les formes d'existence dont il ont incarné le projet ; de vivre, par leur présence en nous quand nous savons les lire, la véritable histoire de l'humanité : l'histoire des possibles humains.

Que sont donc ces « possibles » et qu'est-ce que savoir les lire ?

Même les genres morts nous aident à revivre : l'homme de l'épopée est ce que les biologistes appelleraient un « mutant » : il est habité par un avenir encore indistinct. Il préfigure une manière de vivre dont les moralistes et les philosophes ne découvrent que plus tard les lois. Plus tard, c'est-à-dire quand leur manière de vivre, comme écrit Aragon dans *La Semaine sainte*, aura « cessé d'être les tâtonnements d'un homme pour s'incarner dans les masses humaines ».

Pour Arjuna, dans le *Mahabarata* la route n'est pas tracée : le héros porte en lui un avenir en germe, la loi qui donne à cette vie son unité est encore en train de se faire. Le sens n'en est clair qu'au regard du Dieu Krishna. Il n'est pas vrai qu'un art à hauteur d'homme n'intéresse pas les foules d'aujourd'hui : lorsque Peter Brook dévoile cette immensité humaine dans une carrière de pierre, en un spectacle de neuf heures, et lorsqu'il en tire un film, des millions d'hommes et de femmes ont vécu au-dessus d'eux-mêmes, et dans la joie de la plénitude. Comme lorsque Vilar faisait partager les angoisses et les certitudes d'Antigone de Sophocle aux gens de Suresnes ou de Saint-Denis.

Le moment où l'homme se cherche un sens dans le chaos du monde, et qui fait naître, à la Renaissance par exemple, avec le renversement de toutes les valeurs anciennes, les Shakespeare et les Cervantès n'a pas cessé d'émouvoir les masses qui y retrouvent leurs angoisses du jour. Ces œuvres portent pourtant leurs racines profondes : Cervantès écrit un siècle après l'ouverture d'un Nouveau Monde : il est soldat à la croisade de Lépante contre les Turcs, intendant de la préparation de l'Invincible Armada, il a vu chavirer le destin de l'Espagne.

Shakespeare est né cinquante ans après « l'utopie » de Thomas More, et du *Prince* de Machiavel, dix-huit ans après la mort de Luther. Il a vingt-deux ans lors de la destruction de l'Invincible Armada, vingt-trois quand Élisabeth fait décapiter Marie Stuart. Dix ans après, il ouvre son « théâtre du Globe », théâtre des tempêtes de la Renaissance. Que de mondes et de projets Shakespeare a vu naître et mourir ! Comme Cervantès.

Leur enracinement dans ce siècle de fauves et d'orages leur a permis de donner des œuvres nous faisant vivre l'angoisse et l'espoir du sens dernier de la vie.

1605. *Le Roi Lear* révèle la décomposition du monde « où les fous mènent les aveugles » (acte IV, scène 1). Le Roi n'est plus que « morceau de ruine ». Il pose la question cruciale : « Qui pourra me dire qui je suis ? »

« Je sais qui je suis », répond Don Quichotte (I, 5) lui aussi terrassé, lui aussi au fond du malheur. Mais habité par le projet fou de lui donner un sens.

Ces drames nous sont restés fraternels et présents.

On ne « lit » pas une peinture, une musique, ou un monument comme on lit un traité de mathématique ou de gestion. Car « comprendre » une œuvre d'art n'est pas seulement affaire de pensée. Cet acte requiert la participation de la totalité de l'homme et d'abord de son corps.

Un esclave enchaîné de Michel Ange irradie de sa force et de son effort dans l'espace qui l'entoure. Je ne lis pas cela comme un manuel d'anatomie. Mon corps est pris dans ce champ d'énergie dont j'éprouve, sans médiation intellectuelle, dans mon torse, mes bras, mes cuisses, les vibrations et les tensions ; les lignes de force s'emparent des fibres de ma chair comme si j'étais sommé de prendre la responsabilité de briser ces liens.

Le bouddha de Mathura, au contraire, aspire en lui l'espace et semble le détruire : la répétition rythmique des courbes stylisées qui dessinent ses sourcils, et ses lèvres, comme des feuilles de lotus dont les contours appellent mon regard vers la tige qui les rassemble et guident mes yeux vers la profondeur des eaux. Mon corps entier est entraîné dans une calme spirale. Le même mouvement rythmique des paupières qui se ferment semble aspirer mon corps comme l'espace, non pour l'abolir mais pour l'ordonner à une unité plus harmonieuse et sereine. Comme un yoga de méditation d'où je n'émergerais du néant que pour retrouver le visage d'avant ma naissance. Recommencer une autre vie après une naissance purifiée.

Le parcours d'une œuvre « sacrée » me porte au-delà de moi pour me faire prendre conscience d'une réalité qui me dépasse et à laquelle j'appartiens, où je deviens un avec le tout, de tout ce qui est vivant en moi.

La visite de la cathédrale de Chartres, d'Albi ou de Notre-Dame de Paris, même pour qui n'y vient pas avec une intention religieuse, est une dilatation de l'être. Je ne puis, physiquement, la traverser en ligne droite, du portail à l'autel. D'invisibles lignes de force s'emparent de moi, m'appellent à suivre les déambulatoires des nefs latérales, à passer, de colonne en colonne, d'arc en arc, comme si je n'en finissais jamais d'entrer, de franchir des portes, en une sorte de rite initiatique, de pèlerinage où, même seul, je me sens entouré par une foule fraternelle ; accompagné par elle, habité par elle jusqu'à ce que dans le cocon de l'abside, après la marche silencieuse, au-delà de tant de seuils, je me sente transporté dans une terre nouvelle, éclairée par d'autres soleils : ces rosaces de vitraux à dominante bleue, comme si le soleil illuminait la nuit sans la détruire, la « nuit lumineuse » que chantait saint Jean de la Croix.

Le silence, par le même paradoxe, est bourdonnant de ce dialogue avec les voûtes d'où est né le chant grégorien.

Un art n'est pas sacré parce qu'il est destiné à un culte comme tant de peintures ne sont pas sacrées parce qu'elles traitent d'un sujet « religieux ».

L'art est sacré lorsqu'il ne me laisse pas intact, lorsqu'il me fait participer à une vie plus grande : l'Église d'Auvers existe encore, et nous passons aujourd'hui devant elle comme devant n'importe quel édifice. Mais lorsque Van Gogh la transfigure, elle nous fait revivre une agonie et une résurrection. Les murs de pierre grise et les toits de brique sont devenus chair et sang, sous la poussée d'un ciel d'un bleu torride et noirci de serpents de couleur. Mes muscles se tendent pour résister à cet écrasement, ils sont parcourus par toutes les tensions de ces murs gémissants, de ces tuiles sanglantes, de cette église arc-boutée au sol pour résister à la tenaille des chemins reptiles qui l'enserrent déjà et à la pesée du ciel. Je participe tout entier à cet effort vers une impossible victoire.

La danse est la synthèse de tous les arts.

Le corps du danseur n'est plus limité aux frontières de sa peau : il envahit l'espace et leur donne un sens. Il en suggère l'immensité ou l'étouffement. Martha Graham, dans *Frontiers*, nous fait physiquement éprouver l'illimité des grandes plaines d'Amérique et l'aventure humaine qu'elles appelaient.

Marie Wigman, au contraire, dans toutes ses chorégraphies, hantée par l'écrasement hitlérien, nous fait éprouver l'espace comme une cage contre laquelle le corps s'arc-boute et se casse pour résister. Ce n'est pas un spectacle mais une célébration.

L'esprit y « prend corps ». Dans le corps dansant habite un autre « moi », plus grand. La danse est ce que je deviens en le regardant.

Telle est, dans les arts, la troisième expérience de base de la transcendance, qui nous permette de comprendre, même si nous ne les partageons pas, la naissance des projections divines dans le cœur des hommes.

Conclusion

La reconquête de l'espoir

Oui, nous avons besoin de Dieu, présence en chacun de nous de l'exigence de chercher le sens de la vie, d'être responsable de le découvrir et de le réaliser.

Nous avons besoin de Dieu, pour prendre conscience de l'unité de la vie, de cette même vie qui anime la montée de la sève dans les arbres et les fleurs, le battement du sang dans le cœur des hommes, et ces poussées aussi de pierres en fusion qui nous apparaîtraient — si se contractaient en quelques instants les milliards d'années où se formèrent et s'érodèrent les montagnes — comme la levée des vagues de la mer dans une incandescence de volcan.

Le mouvement de cette vie prend en l'homme conscience de lui-même : la nature entière est mon corps sans limite, et ma conscience est habitée par tous les hommes dans la totalité de leur histoire et de leurs civilisations.

Nous avons besoin de Dieu dont la présence en nous se manifeste par la possibilité permanente de ne pas s'abandonner, aveugle et passif, aux dérives de ce courant, et de prendre la responsabilité de participer au pilotage de la création continuée de la vie.

Exaltante liberté de choisir entre l'ascension et la chute, entre l'invention de formes nouvelles et plus riches de vie, ou la résignation à une décadence en laquelle les plus merveilleuses conquêtes de la technique et du savoir peuvent servir à la destruction du vaisseau qui nous porte et dont nous avons la charge : la planète terre.

Cette liberté, les uns l'appellent don de Dieu qui nous a créés à son image.

D'autres refusent d'appeler « Dieu » cette transcendance vécue pour ne pas déchirer l'homme en deux, pour ne pas confondre transcendance et extériorité, pour ne pas tomber dans le dualisme « déiste » d'un « Être » situé en dehors de nous à la manière d'un souverain et décidant de notre avenir, de nos récompenses et de nos châtiments, comme Zeus qui brandit la foudre et gouverne le monde, ou Jéhovah, Dieu des Armées, des promesses et des massacres.

Nous n'avons pas besoin de tels dieux.

Mais le besoin de Dieu est le besoin majeur de notre époque. Il y va de la survie de l'humanité et de son sens.

Encore faut-il dire (comme nous l'avons fait pour la messianité de Jésus et pour la résurrection) *de quel Dieu il s'agit*.

Que Jésus soit le Messie par lequel notre vie personnelle et notre commune histoire prennent leur sens plénier, c'est une certitude. Mais ce Messie n'est pas celui qu'attendaient ses contemporains : un Messie davidique restaurateur du royaume bâti par le glaive de David. Dans le royaume qu'annonce Jésus l'on n'entre pas par la conquête mais par la dépossession : nous vider de notre petit moi, de ses propriétés et de ses titres, de ses désirs partiels pour laisser place au tout, à la présence en nous de ce qui n'est pas nous, à l'acte incessamment éveilleur et créateur par lequel se manifeste cette présence.

De la résurrection non plus nous ne doutons pas un instant. Non pas comme d'un événement historique, expérimental, qui se serait produit une seule fois, trois jours après la crucifixion, mais la résurrection universelle et quotidienne de Jésus par quoi se manifeste en nous sa présence réelle et agissante en chaque acte d'amour, de sacrifice et de création.

De même le Dieu dont nous avons besoin n'est pas cet être extérieur et supérieur à nous, régnant d'« en haut », dans on ne sait quel « ciel » à la manière d'un monarque plus puissant que tous les autres.

Moins encore ce Dieu dont notre communauté seule détiendrait la véritable image. Ni ce Dieu partial et tribal qui nous aurait élus et nous donnerait mission et pouvoir d'exclure et de massacrer d'autres peuples.

C'est ce Dieu un et total, présent en nous tous, et dont l'unité seule peut donner sens à toute chose comme sa fin dernière et unique. Le Dieu invisible dont l'acte est rendu visible par la vie et la mort de Jésus, comme par la sagesse unitive des Upanishads ou de la Bhagavad-Gita.

L'on dit souvent que les religions ont engendré plus de guerres qu'elles n'ont instauré la paix. C'est vrai. C'est vrai des religions tribales fondées sur le mythe pervers du « peuple élu » que reprirent à leur compte le christianisme institutionnel, constantinien, et après lui, l'islam tardif des traditions sclérosées.

Seul peut être une force de paix, et la plus vivante de toutes, le Dieu authentiquement transcendant, c'est-à-dire sans commune mesure avec l'homme, dont, par conséquent, aucune communauté religieuse ne peut prétendre posséder la vérité totale. C'est au contraire par la conscience de nos manques et de nos limitations que chacune d'elles peut éprouver le besoin de l'expérience de toutes les autres, pour approcher l'universelle et ineffable présence et son acte incessamment créateur.

Au contraire des « déismes » anciens, la transcendance de l'homme par rapport à la nature et à l'histoire, par rapport à tous les instincts et à tous les destins, ne se fonde pas sur la transcendance d'un Être qui lui en ferait don, mais sur la transcendance d'un *Acte* de création témoignant d'une présence qui est *en* nous sans être *à* nous. Nous ne pouvons la saisir ni par nos sens ni par nos concepts, mais nous ne pouvons en récuser les appels et les exigences sans nous mutiler de la dimension spécifiquement humaine de notre vie.

Telle est la foi pérenne et universelle : l'affirmation du sens de l'existence, de l'unité du monde, de la création divine de la vie.

Elle s'est exprimée dans le langage de toutes les cultures à partir de l'expérience de toutes les communautés humaines. Elle libère du séparatisme du « moi » et des illusions du partiel.

« Réaliser sa parenté avec le Tout et pénétrer en toute chose par l'union avec le divin est le but ultime de l'humanité », écrivait Rabindranath Tagore commentant le « Tu es cela » des Upanishads de l'Inde.

Le « tawhid » de l'islam, n'est pas seulement l'affirmation que Dieu est unique, mais que le monde est *un*, chaque être particulier n'ayant d'existence que par son rapport au tout, au Dieu vivant incessamment créateur.

Les hautes spiritualités africaines sont dites « animistes » parce que toute chose y a une âme, c'est-à-dire est habitée par le Tout, dans la communauté des hommes avec la nature et avec les autres hommes.

Les chefs indiens, refusant de vendre aux blancs les terres, pensaient en termes d'humanité et de divinité et non de propriété : « Comprenez bien la raison de mon amour pour la terre. Je n'ai jamais dit que la terre était mienne pour en user à ma guise. Le seul qui ait le droit d'en disposer est celui qui l'a créée... la terre dit : le Grand Esprit m'a placée ici pour produire tout ce qui pousse sur moi, arbres et fruits... c'est de moi que l'homme a été fait. Le Grand Esprit, en plaçant les hommes sur terre, a voulu qu'ils en prennent soin et qu'ils ne se fassent pas de tort l'un à l'autre. »

Jésus révèle ce qu'il y a de personnel dans cette rencontre de l'homme avec Dieu. Il rend visible par sa vie et sa mort les exigences de Dieu si nous voulons — en en rendant témoignage par notre action — connaître ce passage du non-sens au sens, de la mort à la vie : la résurrection, surgissement en nous du Dieu vivant.

Cette évocation de la pluralité des religions du monde, des perspectives différentes de l'expérience du transcendant que nul ne peut prétendre saisir dans sa totalité, n'implique aucun éclectisme ou syncrétisme, mais l'humble et indispensable reconnaissance de la relativité non de la foi, mais des cultures à travers lesquelles elle s'exprime, et de la richesse de l'approche des autres cultures.

Leur connaissance fraternelle seule peut nous permettre d'approfondir notre propre foi, de lui conserver toutes ses dimensions : *cosmique* par la conscience de son unité avec toute la création, *communautaire* contre tout individualisme par la conscience de son unité avec tout homme, *personnelle* par la conscience que ce qu'il y a de plus intime, de plus « personnel » en nous, est cette divine présence du pouvoir de dépassement, de transcendance active par rapport à nos servitudes, à nos déchéances, à nos échecs.

Les expériences de la foi, toutes les expériences, de l'Asie, de l'Afrique, de l'Amérindie comme de l'Europe nous appellent et nous apprennent à n'agir qu'en fonction du Tout : toute action est mauvaise si elle vise à faire prévaloir les intérêts de la partie contre le Tout, par exemple ceux de l'Occident contre le Tiers Monde, ou ceux de la propriété et du profit de quelques-uns aux dépens des autres et au prix de la destruction de la nature par l'épuisement ou la pollution.

Une guerre de religion, insidieuse et mortelle, domine cette fin du XXe siècle.

De son issue dépend l'avenir et l'existence même du XXIe siècle.

D'un côté le *monothéisme du marché*, qui atomise et affronte des individus, des groupes et des nations en une guerre de tous contre tous, appelée « libre-concurrence ». La « croissance » des appétits rivaux, des inégalités, des violences. L'entropie, dérive vers la mort par la croissance du désordre.

De l'autre : *la foi en l'unité de la vie*. Une autre vision du monde qui donne à la vie de chacun son sens : un monde qui n'est pas fait de nécessité et de hasard, c'est-à-dire de ce qui n'est pas humain.

Pour être homme nous avons besoin de cette foi, quel que soit le nom que l'on donne au Dieu auquel elle s'adresse, et même si on lui refuse ce nom.

Car il s'agit du même éveil :

— concevoir un autre bonheur que d'augmenter son pouvoir d'achat en oubliant que l'autre moitié du monde n'a pas ce dégradant privilège ;

— ne pas accepter *l'unité hégémonique* des dominations, avec ses nationalismes d'exclusion, ses intégrismes, ses inégalités, et le chaos des violences qu'ils engendrent, mais travailler à *l'unité symphonique du monde* où chacun apporte sa propre culture et sa foi.

L'Occident, maître aujourd'hui du monde, et donc premier responsable de ses dérives, a commis deux erreurs d'aiguillage :

— après que Jésus eut ouvert la brèche qui défatalisait l'histoire, revenir, avec Paul puis Constantin, aux dieux anciens de la puissance, garants, en leur extériorité souveraine, des dominations terrestres ;

— après un effort, en lui ôtant ce joug, pour rendre à l'homme son autonomie créatrice, la Renaissance a recréé d'autres servitudes. Le déchaînement simultané du colonialisme et du capitalisme exigeait une raison instrumentale, technique, dont ils avaient besoin pour maîtriser la nature et les hommes. Alors pesa sur le monde un autre destin, non plus imposé par la providence d'un Dieu, mais par le règne de cette « raison » mutilée de sa dimension essentielle : la recherche des fins. D'une « science » devenant une religion des moyens.

Mais ils ne savent pas qu'ils ont changé d'opium.

Les grands pontifes du monothéisme du marché, avec l'efficace clergé de leurs technocrates ordinanthropes (c'est-à-dire ne posant jamais la question du sens et des fins), sont devenus les maîtres du monde par la puissance des armes, de l'argent, et des médias. Ils nous conduisent, par une logique aveugle d'inégalité croissante des hommes et d'épuisement de la nature, à l'avortement programmé du XXIe siècle.

Est-ce une utopie de les affronter ?

L'éveil de la foi ne s'impose jamais par les armes, les croisades ou les inquisitions. La levée commence dans la conscience des hommes avant les grandes explosions populaires.

Ce n'est pas une utopie prédicante ou moralisante car les armements les plus sophistiqués, les machines, les instruments de torture ou de conditionnement médiatique, sont manipulés par des hommes et lorsque une certitude se casse dans la tête ou le cœur de ces hommes, ces armes tombent de leurs mains. En ce dernier siècle, des guerres du Vietnam à celle d'Algérie, ou de l'impuissance de la plus puissante armée du Shah d'Iran devant un peuple aux mains nues, les exemples ne manquent pas de victoires imprévues du plus faible. Imprévues pour les stratèges militaires ou politiques parce que la foi n'entre pas dans leurs circuits électroniques.

A l'échelle des millénaires, le bouddhisme « éveilla » sans combat le plus vaste des continents ; la foi des martyrs de Jésus, avant sa captation constantinienne, se répandit sous le talon de fer de l'empire romain ; la foi de quelques milliers de disciples du prophète Mohammed, malgré la puissance numérique et technique infiniment supérieure des empires de la Perse et de

Byzance, déferla en quelques années de la mer de Chine à l'océan Atlantique.

Comme il est dit dans les sagesses et la foi de tous les mondes, dans les mêmes termes, des Védas à l'Évangile : le Royaume est déjà là, « au-dedans de nous et en dehors de nous ».

Ce livre n'a d'autre but que d'appeler chacun à prendre conscience qu'il est personnellement responsable — sans délégation possible à un parti, un État ou une Église — de l'avènement possible de ce « Royaume », et à se lever, contre les dérives de la décadence, pour passer du non-sens au sens, de la mort à la résurrection.

Table

Achevé d'imprimer en octobre 1993 par Normandie Roto Impression s.a. à Lonrai (Orne)
Dépôt légal : octobre 1993
N° d'imprimeur : I3-1648